Kleine Reihe • Politische Bildung • Didaktik und Methodik

Herausgegeben von Gotthard Breit, Ursula Buch, Bernward Debus und Peter Massing

Reinhold Hedtke

Konzepte ökonomischer Bildung

WOCHEN SCHAU VERLAG

Bibliografische Information der Deutschen Nationalbibliothek

Die Deutsche Nationalbibliothek verzeichnet diese Publikation in der Deutschen Nationalbibliografie; detaillierte bibliografische Daten sind im Internet über http://dnb.d-nb.de abrufbar.

© by WOCHENSCHAU Verlag
Schwalbach/Ts. 2011

www.wochenschau-verlag.de

Alle Rechte vorbehalten. Kein Teil dieses Buches darf in irgendeiner Form (Druck, Fotokopie oder einem anderen Verfahren) ohne schriftliche Genehmigung des Verlages reproduziert oder unter Verwendung elektronischer Systeme verarbeitet werden.

Titelgestaltung: Ohl Design
Gesamtherstellung: Wochenschau Verlag
Titelbild: mattilda - Fotolia.com
ISBN 978-3-89974658-7

Inhalt

1. Einleitung 7
2. Vorstellungen von ökonomischer Bildung 11
   - 2.1 Was soll ökonomische Bildung sein? 11
   - 2.2 Konzeptionen oder Konzepte? 15
3. Einzelwissenschaften als Gegenstand:
   „Wirtschaftswissenschaftliche Bildung" 17
   - 3.1 Das kategoriale Konzept ökonomischer Bildung 18
   - 3.2 Stoffkategorien aus der Volkswirtschaftslehre 20
   - 3.3 Kategoriale Bildung und
     wissenschaftliches Wissen 24
   - 3.4 Lernen als Aneignung volkswirtschaftlicher
     Kategorien 25
   - 3.5 Kritik der wirtschaftswissenschaftlichen Bildung ... 27
   - 3.6 Didaktischer Kompass und Leseempfehlung 29
4. Ein spezifisches Denkmuster:
   „Paradigmatische Bildung" 31
   - 4.1 Das paradigmatische Konzept
     ökonomischer Bildung 32
   - 4.2 Paradigmatisches Wissen der Ökonomik 35
   - 4.3 Lernen als Aneignung einer universalen
     Perspektive 38
   - 4.4 Kritik der paradigmatischen Bildung 40
   - 4.5 Didaktischer Kompass und Leseempfehlung 44
5. Wirklichkeiten der Wirtschaft und des Lebens 45
   - 5.1 Wirtschaft als Themenfeld:
     „Wirtschaftliche Bildung" 46
     - 5.1.1 Systemische und lebensweltliche
       Schlüsselprobleme der Wirtschaft 46

      5.1.2 Wirtschaftliche Bildung und wissenschaftliches Wissen 48
      5.1.3 Lernen als Verknüpfung von Alltagswissen und Wissenschaftswissen 51
      5.1.4 Kritik der wirtschaftlichen Bildung 53
      5.1.5 Didaktischer Kompass und Leseempfehlung 55
  5.2 Bewältigung von Situationen: „Lebenssituationsorientierte Bildung" 56
      5.2.1 Das lebenssituationsorientierte Konzept ökonomischer Bildung 57
      5.2.2 Wissen für ökonomisch geprägte Lebenssituationen 61
      5.2.3 Lernen als Qualifizierung für Lebenssituationen 63
      5.2.4 Kritik der lebenssituationsorientierten Bildung 65
      5.2.5 Didaktischer Kompass und Leseempfehlung 68

6. Relationierung von Wissensformen: „Sozialwissenschaftliche Bildung" 69
  6.1 Das sozialwissenschaftliche Konzept ökonomischer Bildung 70
  6.2 Kontroverses Wissen zur Gestaltung von Leben und Politik 74
  6.3 Lernen als Orientierung in unübersichtlichen System- und Lebenswelten 76
  6.4 Kritik der sozialwissenschaftlichen Bildung 78
  6.5 Didaktischer Kompass und Leseempfehlung 81

7. Zukunftskonzepte? 83

8. Literatur 87

Abbildungen

Abbildung 1: „Ökonomik" als vieldeutiger Begriff............ 11

Abbildung 2: Ansatzpunkte zur inhaltlichen Strukturierung ökonomischer Bildung........ 14

Abbildung 3: Kategorien zur Kennzeichnung „wirtschaftlichen Handelns"....................... 19

Abbildung 4: Stoffkategorien der Wirtschaft nach Kruber................................. 21

Abbildung 5: Kategoriale Leitfragen an den Stoff für den Wirtschaftsunterricht nach Kruber 22

Abbildung 6: Ökonomische Basiskategorien nach Hedtke/Kohlhaas... 23

Abbildung 7: Spezifische Kategorien wirtschaftlichen Handelns nach Hedtke............................... 26

Abbildung 8: Kompass „Kategoriale wirtschaftswissenschaftliche Bildung" 29

Abbildung 9: Paradigmatische Wende der ökonomischen Bildung?.. 31

Abbildung 10: Die universale und die sektorale Perspektive der Ökonomik auf die Welt........................ 34

Abbildung 11: Die Anwendung des ökonomischen Paradigmas... 36

Abbildung 12: Zwei Methodologien für die ökonomische Bildung.. 39

Abbildung 13: Die Akteurin in der Ökonomik und in ihrer Lebenswelt... 43

Abbildung 14: Kompass „Paradigmatische Bildung" 44

Abbildung 15: Die Wissenschaftsorientierung der wirtschaftlichen Bildung.............................. 49

Abbildung 16: Kompass „Wirtschaftliche Bildung" 55

Abbildung 17: Fachdidaktische Anforderungen an lebenssituationsorientierte ökonomische Analysen... 57

Abbildung 18: Bezugsrahmen situationsorientierter ökonomischer Bildung 59

Abbildung 19: Gewichtung von Lebenssituationen nach ihrer Lernbedeutung 62

Abbildung 20: Kompass „Situationsorientierte Bildung".... 68

Abbildung 21: Strukturschema gestaltungsorientierter sozialwissenschaftlicher Bildung 72

Abbildung 22: Sozialwissenschaftliche Perspektiven, politische Grundorientierungen und parteipolitische Positionen im Politikfeld Arbeitsmarkt 73

Abbildung 23: Kontroverse Perspektiven zur Arbeitsmarktpolitik (Auswahl).................... 75

Abbildung 24: Sozialwissenschaftliche Kompetenzen 77

Abbildung 25: Kompass „Sozialwissenschaftliche Bildung"... 81

1. Einleitung

Seit mehr als einem Jahrzehnt erfreut sich die ökonomische Bildung an allgemein bildenden Schulen einer stetig zunehmenden Aufmerksamkeit. In der Öffentlichkeit dominiert die Forderung nach einem eigenständigen Schulfach Wirtschaft, artikuliert vor allem von Wirtschaftsverbänden und unterstützt von konservativen Stiftungen. In den Curricula hat sich der Anteil wirtschaftlicher Inhalte deutlich erhöht, in den Schulen gibt es eine Vielzahl von wirtschaftsbezogenen Projekten und Praxiskontakten mit der unternehmerischen Wirtschaft. In vielen Bundesländern hat man ökonomisches Lernen in der Fächerstruktur der Schulen durch neue Fächer wie Wirtschaft/Politik stärker verankert. Verglichen mit Recht, Philosophie, Technik, Medizin/Gesundheitswissenschaft, Hauswirtschaft oder Psychologie, die keinen Platz im obligatorischen Bildungskanon haben, ist Wirtschaftsunterricht an allgemeinbildenden Schulen inzwischen recht gut etabliert.

Das Thema Wirtschaft wächst

Wozu dann noch mehr Wirtschaft in der Schule? Dafür hört man eine Reihe von Argumenten: Wirtschaften sei eine anthropologische Konstante, Knappheit eine menschliche Universalie, also müsse Wirtschaft an Schulen gelernt werden. Die Wirtschaft folge einer Eigenlogik, die sich von den Logiken der Politik, des Rechts und der Gesellschaft grundsätzlich unterscheide, was einen eigenen Lernzugang erfordere. Nur wer die Grundstrukturen der Wirtschaft verstehe, kenne die Grammatik der Gesellschaft. Wählerinnen und Wähler hingen Fehlvorstellungen an, unterstützten falsche politische Programme und brauchten deshalb wirtschaftliche Allgemeinbildung. Die Wirtschaftswelt werde immer relevanter und komplexer und sei ohne Wirtschaftsunterricht nicht mehr

Wozu noch mehr Wirtschaft?

zu verstehen. Die ständig wachsende Ökonomisierung der Lebenswelten und eine zunehmende Privatisierung der Daseinsvorsorge machten ökonomische Bildung unverzichtbar. Wer die Wirtschaftsordnung und die Funktionsweise von Märkten nicht kenne, könne sich in seinem Wirtschaftsalltag nicht orientieren. Im praktischen Wirtschaftsleben würden die Individuen falsch denken, falsch entscheiden und deshalb vielfach scheitern, wenn sie nicht durch Wirtschaftsunterricht kompetent gemacht würden. Wirtschaftslehre helfe, als Konsumentin oder Berufswählerin rationaler zu handeln und so im Leben mehr zu erreichen (ich verwende in diesem Buch die weibliche und die männliche Form im freien Wechsel).

Andere Argumente für ökonomische Bildung hört man dagegen nicht oder selten: Wirtschaft in der Schule helfe, gegenwärtige Wirtschaftssysteme humaner, sozialer, solidarischer, naturverträglicher, bescheidener, gendergerechter, familienfreundlicher oder demokratischer zu machen. Oder: Schule müsse zeigen, wie man die Regeln der Wirtschaft so umgestalten kann, dass nicht die ökonomische „Logik" über das Leben der Menschen bestimme, sondern die Vorstellungen vom guten Leben in der Gesellschaft bestimmten, wie Wirtschaft als Instrument dazu dienen solle, diese zu verwirklichen. Oder: Ökonomische Bildung müsse die Subjekte stärken, damit sie ihre persönliche Autonomie gegen den Ökonomisierungsdruck verteidigen könnten.

Humaner, sozialer, solidarischer?

Diese kurze Aufzählung zeigt, wie unterschiedlich die Erwartungen sind (und sein könnten), die sich auf ökonomische Bildung richten. Auch deshalb gibt es eine Vielfalt unterschiedlicher Bildungskonzepte. Allerdings fehlen noch systematisch ausgearbeitete Konzeptionen ökonomischer Bildung. Zwar leuchten viele Aufsätze konzeptionell relevante Grundlagen und einzelne Aspekte aus, entwickeln aber keine in sich geschlossene Gesamtkonzeption.

Konzepte als Kompass

Konzeptionelle Vorstellungen von ökonomischer Bildung prägen das Bild von einem angemessenen Unterricht über ökonomische Themen, wirken so handlungsleitend und bestimmen implizit und oft unreflektiert die Praxis wirtschaftlichen Lehrens und Lernens. Gerade Lehrerinnen und

Lehrer, Referendarinnen und Referendare, Fachleiterinnen und Fachleiter brauchen einen fachdidaktischen Kompass, mit dem sie zuverlässig bestimmen können, in welche Richtung sie sich tatsächlich bewegen.

Es gibt kaum etwas, das praxiswirksamer ist als konzeptionelle Leitideen eines Faches und einer guten Unterrichtspraxis, Konzepte, von denen man überzeugt ist oder denen man gewohnheitsmäßig folgt. Die typischen Konzepte für ökonomische Bildung in zugespitzt geordneter und verständlicher Form vorzustellen und damit bewusst, thematisierbar und kritisierbar zu machen, ist das Ziel dieses Bandes.

2. Vorstellungen von ökonomischer Bildung

2.1 Was soll ökonomische Bildung sein?

Was ökonomische Bildung ist – genauer: sein soll –, hängt ab von dem Ansatz ökonomischer Bildung, den man wählt oder entwickelt. Ökonomische Bildung gibt es deshalb nur im Plural. Wirtschaftsdidaktiker verwenden „ökonomisch" in drei Hauptbedeutungen als Bezeichnung für „wirtschaftlich", für „wirtschaftswissenschaftlich" und für „zum Paradigma der Ökonomik gehörend". Sie nutzen auch den Begriff „Ökonomik" uneinheitlich (vgl. Abbildung 1). Über alternative Verständnisse ökonomischer Bildung gebe ich im Folgenden einen kurzen Überblick (vgl. Weber 2009, 19 f.).

Nur im Plural

Abbildung 1: „Ökonomik" als vieldeutiger Begriff

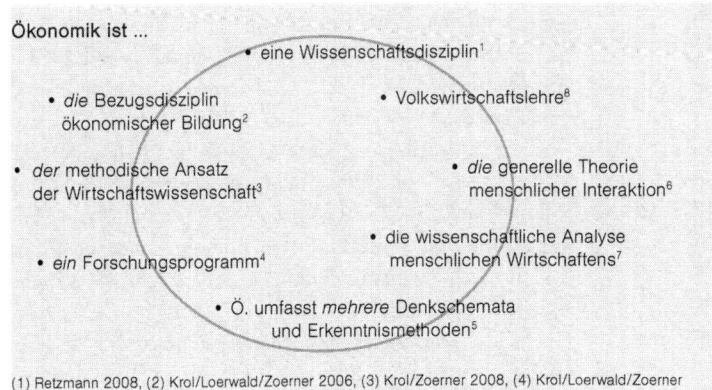

(1) Retzmann 2008, (2) Krol/Loerwald/Zoerner 2006, (3) Krol/Zoerner 2008, (4) Krol/Loerwald/Zoerner 2006, (5) Retzmann 2008, (6) Kaminski 2008, (7) Kaminski 2003, (8) Hedtke 2002.

(eigene Darstellung)

Wirtschaftswissenschaft lernen

Ökonomische Bildung kann man erstens als *wirtschaftswissenschaftliches Lernen* konzipieren. Das Wissen liefern dann die Wirtschaftswissenschaften, d.h. mindestens Volkswirtschaftslehre, Betriebswirtschaftslehre, Marketingwissenschaft und Konsumforschung sowie Wirtschaftsgeschichte. Welches wirtschaftswissenschaftliche Wissen für Lernende bildungsrelevantes Wissen ist, entscheidet die Wirtschaftsdidaktik gemäß den Kriterien, die sie in Konzeptionen ökonomischer Bildung entwickelt. Diese ökonomische Bildung im engeren Sinn muss man präziserweise *wirtschaftswissenschaftliche Bildung* nennen (Kap. 3). Wenn sie sich im Wesentlichen auf die Volkswirtschaftslehre konzentriert, muss sie im Sinne begrifflicher Klarheit auch volkswirtschaftliche Bildung heißen.

Denkmuster lernen

Zweitens lässt sich ökonomische Bildung als Aneignung eines allgemeinen *wissenschaftlichen Denkmusters* konstruieren: des Paradigmas der Ökonomik oder der Rationalhandlungs-Theorie(n). „Ökonomisch" bedeutet dann so viel wie „aus der Perspektive der Ökonomik" oder „mit der Methode der Ökonomik analysiert". „Die Ökonomik befasst sich mit Möglichkeiten und Problemen der gesellschaftlichen Zusammenarbeit zum gegenseitigen Vorteil"; ihre handlungstheoretische Grundlage ist „die individuelle Vorteils-/Nachteils-Kalkulation (…). Dies reicht weit über den ‚Bereich der Wirtschaft' hinaus" (Homann/Suchanek 2005, 5). In diesem semantischen Kontext besteht der Kern ökonomischer Bildung aus dem Erwerb und der Anwendung des Denk- und Analyseschemas der „Ökonomik". Vertreter dieser Konzepte plädieren für eine *paradigmatisch-ökonomische Bildung* (Kap. 4).

Über Wirtschaft lernen

Ganz allgemein kann man ökonomische Bildung drittens als das Erlernen von „Sehen, Beurteilen, Handeln" (Hilligen) mit Blick auf den *Realitätsbereich Wirtschaft* konzipieren. Man kann dann von „wirtschaftlicher Bildung" sprechen (Kap. 5.1). Da die Wirtschaftswissenschaften einen Teil des Wissens dazu liefern, ist diese wirtschaftliche Bildung immer auch zu einem Teil *wirtschaftswissenschaftliche Bildung*. Sie umfasst aber auch elementare, für das Verstehen von Wirtschaft relevante Wissensbestände aus Soziologie, Politikwissenschaft, Geschichtswissenschaft, Rechtswissenschaft, Philosophie und Psychologie. Sollen die Lernenden auch wirtschaftlich handeln lernen, kommt pragmatisches Wissen für Berufswählerinnen, Familiengründerinnen, Unternehmerinnen, Arbeitnehmerinnen, Steuerzahlerinnen, Konsumentinnen, Wählerinnen und Aktivistinnen hinzu.

Viertens kann sich ökonomische Bildung auf einen *spezifischen Handlungstyp* richten: das wirtschaftliche Handeln. Meist versteht man darunter rational-maximierendes oder rational-optimierendes Handeln. Dann zielt man auf eine *rational-wirtschaftliche Bildung* und „wirtschaftlich" steht synonym für (zweck-)rational, effizient, sparsam, kalkulierend, kostenbewusst, Gewinn oder Nutzen maximierend oder wenigstens steigernd. Hier stehen zum einen die *Analyse* des Umgangs mit Knappheit durch Wahlentscheidungen zwischen Alternativen sowie die Maxime der Zweckrationalität im Zentrum. Zum anderen hoffen einige Wirtschaftsdidaktiker darauf, dass ökonomische Bildung die Rationalität realen individuellen Handelns erhöhen kann.

Wirtschaftlich handeln lernen

Fünftens kann man ökonomische Bildung als *Qualifizierung für wirtschaftliche Lebenssituationen* konzipieren (Kap. 5.2). Die Lernenden eignen sich in einer *lebenssituationsorientierten ökonomischen Bildung* dasjenige wirtschaftswissenschaftliche sowie auch sozialwissenschaftliche Wissen an, das sich zur Bewältigung wirtschaftlich geprägter Lebenssituationen und zur mündigen, selbstbestimmten sowie verantwortungsbewussten Lebensgestaltung eignet. Die Herausforderungen durch typische Lebenssituationen und gesellschaftliche Problemlagen werden so zur Legitimationsgrundlage ökonomischer Bildung, bilden das Auswahlprinzip für ihre Inhalte und u.U. auch die ordnende Struktur ihrer Lernprozesse.

Lebenssituationen bewältigen

Einige wirtschaftsdidaktische Autoren denken über Konzepte hinaus, die die ökonomische Bildung realitätsbereichsbezogen, disziplinär oder paradigmatisch abgrenzen. Sie entwickeln Ansätze für eine soziökonomische, sozialwissenschaftliche, interdisziplinäre oder sogar transdisziplinäre Bildung. Diese Ansätze zielen auf eine *ökonomisch-sozialwissenschaftliche* Bildung. Aus ihrer Sicht kann man (Wirtschafts-)Weltverständnis und ökonomische Handlungskompetenz nur

Wirtschaftswelt verstehen

sozialwissenschaftlich multidisziplinär fundieren. Teilweise nehmen sie die anderen Ansätze ökonomischer Bildung als Spezialfälle in ihrem umfassenderen Konzept auf (Kap. 6).

Integriertes Konzept

Birgit Weber unterscheidet Qualifizierung für Lebenssituationen und kategoriale Bildung als die zwei Hauptrichtungen ökonomischer Bildung und ergänzt Handlungsorientierung als drittes, quer dazu liegendes Konzept; sie skizziert ein Kompetenzmodell, mit dem man diese Konzeptionen integrieren könne (Weber 2010, 106-111). Alternative Ansatzpunkte, nach denen man ökonomische Bildung inhaltlich strukturieren kann, zeigt Abbildung 2 (vgl. Weber 2005b, 37-43). Die meisten Konzepte ökonomischer Bildung sind in einem spezifischen Sinne wissenschaftsorientiert, da sie sich auf das Wissen *einer* Disziplin oder *eines* Paradigmas stützen.

Abbildung 2:
Ansatzpunkte zur inhaltlichen Strukturierung ökonomischer Bildung

Sektor	Rolle	Tätigkeit	Kompetenz	Kategorie
Haushalt	Konsument	Konsumieren	Problem bewerten	Effizienz, Rationalität, Gerechtigkeit
Unternehmen	Erwerbstätiger	Nachfragen	Rahmen beurteilen / gestalten	Zielkonflikt, Dilemma, Risiko
Staat	Berufswähler	Arbeiten		
Ausland	Bürger	Produzieren		
		Anbieten	System verstehen	Interdependenz / Kreislauf
		Konkurrieren		
	Organisation	Sparen	Situation analysieren	
	Unternehmen	Investieren		Anreiz / Restriktion
	Markt	Kooperieren	Entscheidung treffen	
	Hierarchie	Organisieren		Kosten-Nutzen-Kalkül
	Netzwerk			

(verändert nach Weber 2005b, 43)

Im Folgenden verwende ich „ökonomisch" synonym mit „wirtschaftlich" mit Ausnahme etablierter Kombinationen wie „ökonomische Bildung". Die wirtschaftswissenschaftliche Disziplinengruppe heißt *Wirtschaftswissenschaften,* die Volkswirtschaftslehre heißt Volkswirtschaftslehre, nicht Ökonomik.

Die reale Wirtschaft nenne ich Wirtschaft, nicht Ökonomie. Mit Ökonomik bezeichne ich ein wissenschaftliches Paradigma; die unvermeidbare Ausnahme sind Namen einzelner Disziplinen wie Mikro- oder Makroökonomik.

2.2 Konzeptionen oder Konzepte?

Was wäre von einer fachdidaktischen Konzeption zu erwarten? Eine *Konzeption* ökonomischer Bildung erläutert systematisch die grundlegende Bildungsidee, bezieht sich dabei auf die allgemeine Bildungstheorie, die Fachgeschichte und Leitideen benachbarter Bildungen, entwirft ein gegenstandsspezifisch mitgeprägtes Bild der Person der Lernenden, stellt theoretische und empirische Zusammenhänge der ökonomischen Sozialisation, des ökonomischen Lehren und Lernens dar, klärt Intention, Ziele, Legitimation und Folgen ökonomischer Bildung, begründet die Auswahl und Anordnung relevanter Gegenstandsfelder, Lerninhalte und Lernorte und beschäftigt sich schließlich auch mit passenden Methoden und Medien (vgl. Lange 2007, 1). Konzeptionen ökonomischer Bildung müssen sich zu ihren Bezugsfachwissenschaften, zu den relevanten Erkenntnissen der Erziehungswissenschaft, Pädagogischen Psychologie sowie der Kognitions- und Sozialisationsforschung verhalten. Ihre Argumentation muss durchgängig wissenschaftlichen Kriterien genügen. Solche sorgfältig ausgearbeiteten Konzeptionen ökonomischer Allgemeinbildung fehlen noch.

Umfassende Konzeption

Konzepte unterscheiden sich von Konzeptionen dadurch, dass ihnen eines oder mehrere wesentliche Elemente einer Konzeption fehlen oder dass sie zwar alle Elemente umfassen, diese aber nur knapp oder oberflächlich beschreiben oder nicht wissenschaftlich begründen. Die vorliegenden wirtschaftsdidaktischen Konzepte konzentrieren sich im Wesentlichen auf jeweils nur einen Teilaspekt ökonomischer Bildung, etwa auf ihren Lebens- und Erfahrungsbezug, ihre Inhalts- und Kategorienstruktur oder auf ihre paradigmatischen Grundlagen. Die Konzepte aus der Wirtschaftsdidaktik beschäftigen sich vorwiegend mit der Legitimation ökonomischer Bildung

Unvollständiges Konzept

und der Bestimmung relevanter wirtschaftswissenschaftlicher Lerninhalte. Die meisten Konzepte interessieren sich nicht oder nur sporadisch für das reale wirtschaftliche Leben der Lernenden, ihre ökonomische Sozialisation und ihre tatsächlich vorhandenen Qualifikationen zur Bewältigung wirtschaftlicher Alltagssituationen. Ernsthaft setzt sich kein Konzept mit den erziehungswissenschaftlichen, psychologischen und sozialisationstheoretischen Grundlagen ökonomischer Bildung auseinander.

Fehlende Grundlagen

In Veröffentlichungen findet man die in Abschnitt 2.1 skizzierten grundlegenden Ansätze natürlich nicht in konzeptionell sauber voneinander getrennten Idealformen. Die realen Publikationen mischen nicht selten zwei oder mehrere Grundansätze ökonomischer Bildung. Dennoch prägen die von mir hier rekonstruierten idealtypischen Konzepte ökonomischer Bildung als analytisch voneinander unterscheidbare Leitideen Wirtschaftsdidaktik, Bildungspolitik und Unterrichtspraxis.

Idealtypische Leitideen

Ich stelle in den folgenden Kapiteln die gängigen idealtypischen Konzepte ökonomischer Bildung vor[1]; dabei konzentriere ich mich aus Platzgründen auf Deutschland.

---

1 Dabei beziehe ich mich auch auf Überlegungen, die ich an anderer Stelle veröffentlicht habe (vgl. Hedtke 2008a, 2007, 2006, 2005c und 2002b).

3. Einzelwissenschaften als Gegenstand: „Wirtschaftswissenschaftliche Bildung"

Die meisten Wirtschaftsdidaktiker gehen davon aus, dass bildungsrelevantes Wissen über „die Wirtschaft" vor allem von den Wirtschaftswissenschaften zu erwarten sei. Sie lesen „ökonomisch" als „wirtschaftswissenschaftlich" und platzieren unter dem Label ökonomische Bildung vor allem wirtschaftswissenschaftliches Wissen. „Die notwendige *Wissenschaftsorientierung* jeder ökonomischen Bildung besteht darin, dass sie sich an den Denkschemata und Erkenntnismethoden der Ökonomik [als Wissenschaftsdisziplin; R.H.] orientiert" (Retzmann 2008, 79; vgl. Kap. 4).

So entscheiden sich im Prinzip alle Konzepte disziplinärer ökonomischer Bildung, die im Folgenden *wirtschaftswissenschaftliche Bildung* heißen. In aller Regel beziehen sie wirtschaftswissenschaftliches Wissen auf die Dimension Wirtschaft (vgl. Kap. 5.1), nehmen aber nur diejenigen Aspekte „der Wirtschaft" in den Blick, zu denen die Wirtschaftswissenschaft Wissen liefern kann. Diese Konzepte basieren oft auf Kategorien: Eine Fachdidaktik, hier die Wirtschaftsdidaktik, müsse „ihre" Fachwissenschaft daraufhin studieren, was diese als ihre grundlegenden Stoffkategorien betrachtet und sie zu Leitkategorien fachspezifischer, hier ökonomischer Bildung machen. Mit dem so gewonnenen Kategoriengerüst strukturiert man dann fachliche Bildungsinhalte und Lernprozesse.

Wissenschaft der Wirtschaft

Wirtschaftswissenschaftliche Bildung orientiert sich an der Großdisziplin Volkswirtschaftslehre (VWL) und zugeordneten Disziplinen wie Mikroökonomik, Makroökonomik und Theorie der Wirtschaftspolitik. In sehr viel geringerem Ausmaß nimmt sie Betriebswirtschaftslehre (BWL) sowie

VWL dominiert

selten auch Managementwissenschaft und Personalwirtschaftslehre hinzu.

Diese Dominanz der Volkswirtschaftslehre führt faktisch zu einer volkswirtschaftlichen Bildung (vgl. Hedtke/Assmann 2009, 31 f., und 2008; Hedtke 2005a). Der enge disziplinäre Zuschnitt wirtschaftswissenschaftlicher Bildung ist eine späte Spiegelung der curricular-szientistischen Wende der 1970er Jahre. Viele Schulfächer wurden danach auf disziplinäre Bildungsziele ausgerichtet, um Subjekte zu produzieren, die wie ein Volkswirt oder wie ein Historiker denken. Die Struktur der Schulfächer bildet dann die Struktur der bildungsrelevanten Wissenschaftsdisziplinen ab. Da die Wissenschaften sich immer weiter ausdifferenzieren, entstünden auch immer mehr und immer speziellere Schulfächer.

Abbildung der Disziplinen

3.1 Das kategoriale Konzept ökonomischer Bildung

Bis heute bilden kategoriale Ansätze die vorherrschende Form wirtschaftswissenschaftlicher Bildung (vgl. Weber 2005b). Kategoriale Konzepte werden oft mit paradigmatischen Ansätzen kombiniert, das zeigen verbreitete Formulierungen wie „Denken in den Kategorien der ökonomischen Verhaltenstheorie" (vgl. Kap. 4).

Im Allgemeinen bearbeiten kategoriale Bildungskonzepte das didaktische Grundproblem, dass es eine überwältigende und stetig wachsende Fülle von Inhalten (Stoffen) gibt, aus denen man diejenigen begründet auswählen muss, die der Unterricht behandeln soll (Grammes 2005). Kategoriale Ansätze wollen das Auswahlproblem lösen, indem sie *exemplarische* Kategorien definieren, die für „das Wesentliche" stehen.

Kategorien statt Stofffülle

Dabei beziehen sie sich in der Regel auf den Erziehungswissenschaftler Wolfgang Klafki. Er versteht *Kategorien* als allgemeine, wissenschaftlich beschriebene Grundstrukturen eines Wirklichkeitsbereiches, die das Wesentliche, Strukturelle, Typische und Prinzipielle erfassen und die die Welt für das Subjekt sowie das Subjekt für die Welt erschließen (Klafki 1996). Der Lernende soll sich „an einer begrenzten Zahl von

Abbildung 3:
Kategorien zur Kennzeichnung „wirtschaftlichen Handelns"

Wirtschaftliches Handeln ist charakterisiert durch den Begriff / die Kategorie ...	Dauenhauer 1999/2000	May 2001	Kruber 2008	Konsens im fachwiss. Mainstream?
Arbeitsteilung	+	+	+	nein
Bedürfnis	(+)	+	–	nein
Entscheidung	–	+	+	ja
Externalitäten	–	–	+	ja
Interdependenz	+	+	+	ja
Knappheit	+	+	+	ja
Koordinierung(sbedarf)	–	+	+	nein
Kreislauf	+	+	+	ja
Nutzen/Gewinn	+	+	+	ja
Rationalität	+	–	–	teils
Risiko	+	+	+	teils
Ungleichheit	–	–	+	teils
Wirtschaftsordnung	(+)	–	(+)	nein
(Ziel-)Konflikt	+	+	+	ja

(eigene Darstellung; (+) heißt: trifft nur bedingt zu)

ausgewählten Beispielen (Exempeln) aktiv allgemeine, genauer: mehr oder minder weitreichend verallgemeinerbare Kenntnisse, Fähigkeiten, Einstellungen" erarbeiten, die kategorial wirken: „Der Lernende gewinnt über das am Besonderen erarbeitete Allgemeine Einsicht in einen Zusammenhang, einen Aspekt, eine Dimension seiner naturhaften und/oder kulturell-gesellschaftlich-politischen Wirklichkeit, und zugleich damit gewinnt er eine ihm bisher nicht verfügbare neue Strukturierungsmöglichkeit, eine Zugangsweise, eine Lösungsstrategie, eine Handlungsperspektive" (Klafki 1996, 143 f.).

Neue Zugangsweisen

Die Auswahl der Kategorien ist eine wichtige Aufgabe der Wirtschaftsdidaktik, da man sie nicht aus den Fachwissenschaften ableiten, sondern nur mit Bezug auf Bildungsziele begründen kann. Eine Übersicht über von Wirtschaftsdidaktikern vorgeschlagene Kategorien für den Themenbereich „wirtschaftliches Handeln" gibt die Abbildung 3; einige Kategorien sind fachwissenschaftlich umstritten.

Die politische und wissenschaftliche Durchsetzung von Bildungsstandards und Kompetenzorientierung sowie insbesondere das damit verbundene Konstrukt der „Wissensdomäne" haben eine disziplinäre Verengung des kategorialen Ansatzes begünstigt. Wirtschaftsdidaktiker machen aus der Domäne des Ökonomischen meist schnell die Domäne der Ökonomik, d.h. der Volkswirtschaftslehre (z.B. Retzmann 2005, 52-54). Als deren Charakteristikum galten bisher meist die Analyse von Wahlentscheidungen zwischen Alternativen bei knappen Mitteln sowie die Handlungsmaxime der Zweckrationalität; paradigmatische Konzepte sehen das anders (Kap. 4).

Domäne und Disziplin

3.2 Stoffkategorien aus der Volkswirtschaftslehre

In jüngerer Zeit stehen vor allem die breit rezipierten Arbeiten von Klaus-Peter Kruber für den kategorialen Ansatz in der wirtschaftswissenschaftlichen Bildung (Kruber 2000, 2001, 2005, 2008; vgl. Weber 2005b; Engartner 2010, 46-49). Das detailliert ausgearbeitete Kategoriensystem von Erich Dauenhauer wird von der Wirtschaftsdidaktik heute faktisch ignoriert. Deshalb wähle ich im Folgenden Krubers Ansatz als Exemplum. Er bezieht sich allgemeindidaktisch auf Klafki, fachdidaktisch vor allem auf Hermann May (2001), streicht aber die Kategorien, die er für politisch wertend hält.

Wichtige Ziele ökonomischer Bildung sind für Kruber das Verstehen der Marktwirtschaft sowie der makroökonomischen und wirtschaftspolitischen Zusammenhänge. Sein übergeordnetes Leitziel lautet „Entscheidungs- und Handlungsfähigkeit der Heranwachsenden in unserer von Wirtschaft und Politik geprägten Gesellschaft" (Kruber 2005, 97), insbesondere „in

Verstehen durch Kategorien

Abbildung 4: Stoffkategorien der Wirtschaft nach Kruber

(1) Die Verwendungskonkurrenz von Ressourcen äußert sich in der Knappheit von Mitteln im Verhältnis zu den Zielen (Bedürfnissen) der Menschen.
(2) Dies erfordert Nutzen-Kosten-Überlegungen und Entscheidungen gemäß dem ökonomischen Prinzip unter Risikobedingungen.
(3) Wirtschaften vollzieht sich arbeitsteilig in spezialisierten Berufen, Betrieben.
(4) Wirtschaftsprozesse bedürfen der Koordination, die im Haushalt und im Betrieb über Organisation und Planung, in der Marktwirtschaft überwiegend über Märkte im Wettbewerb erfolgt.
(5) Wirtschaften vollzieht sich, vermittelt durch Geld, in Wirtschaftskreisläufen innerhalb und zwischen Haushalten, Unternehmen, Staat und Ausland.
(6) Wirtschaften ist mit Interdependenzen und oft mit Zielkonflikten verbunden.
(7) Wirtschaftsprozesse vollziehen sich nicht gleichgewichtig (Strukturwandel, Gefahr von Instabilitäten wie z.B. Inflation, Arbeitslosigkeit).
(8) Wirtschaften ist mit externen Effekten und sozialer Ungleichheit verbunden.
(9) Dies erfordert Eingriffe des Staates (Intervention) in den Wirtschaftsablauf oder die Wirtschaftsordnung (Wirtschafts-, Sozial-, Umweltpolitik).
(10) Wirtschaftliche Entwicklungen und wirtschaftspolitische Eingriffe berühren die Interessen Einzelner oder von sozialen Gruppen unterschiedlich (Interessenkonflikte).
(11) Wirtschaftspolitische Entscheidungen berühren Werte wie Freiheit, soziale Gerechtigkeit und Sicherheit und sind daher Gegenstand politischer Auseinandersetzungen.
(12) Wirtschaften erfolgt in einer Rahmenordnung aus rechtlichen, sozialen und anderen Institutionen (Wirtschaftsordnung; Prinzipien der Sozialen Marktwirtschaft).
(13) Die Wirtschaftsordnung wird im demokratischen Staat gestaltet und legitimiert (politische Willensbildung ist spezifischer Gegenstand des Politikunterrichts).

(aus: Kruber 2008, 188)

ökonomisch geprägten Lebenssituationen" (ebd., 80). Krubers Zielsetzung ähnelt der von Bodo Steinmann (vgl. Kap. 5.2), betont aber die (wirtschafts-)politische Perspektive. In Demokratien sei die Fähigkeit zu wirtschaftspolitischem Denken und Handeln ein zentrales Bildungsziel: „So verstandener *Wirtschaftsunterricht ist Bildung im Lernfeld Politik*" (Kruber 2001).

Wirtschaft im Lernfeld Politik

Kruber kommt es darauf an, die Strukturmerkmale des Wirtschaftlichen oder Grundstrukturen von Wirtschaft zu identifizieren, „elementare Inhalte mit allgemein bildender Relevanz zu finden" (Kruber 2000, 287), d.h. Stoffkategorien, mit denen der Gegenstandsbereich Wirtschaft erschlossen werden kann.

Abbildung 5: Kategoriale Leitfragen an den Stoff für den Wirtschaftsunterricht nach Kruber

1. *Hat der Stoff eine über den Tag hinausreichende Bedeutsamkeit für die Lernenden?*
   Lebenssituation, Konsument, Erwerbstätiger, Wirtschaftsbürger.
2. *Eignet sich der Stoff zur Einführung in ökonomische Denkweisen und Methoden?*
   Ziel-Mittel-Knappheit, entscheiden, planen, organisieren, Nutzen-Kosten-Überlegung, Verhalten, Institution, Risiko, Zielkonflikt.
3. *Eignet sich der Stoff zur Offenlegung von wirtschaftlichen Zusammenhängen?*
   Marktmechanismus, Wettbewerb, einzelwirtschaftliche Ebene, gesamtwirtschaftliche Ebene, Strukturwandel, gesamtwirtschaftliche Instabilität.
4. *Eignet sich der Stoff zur Offenlegung von Grundsätzen der Wirtschaftsordnung?*
   Grenzen des Marktes (z.B. Externalität, Kollektivgut, soziale Sicherung) und wirtschaftspolitische Folgen, Konzepte der Wirtschaftspolitik, Leitbild.
5. *Eignet sich der Stoff, die engen Verbindungen von Wirtschaft und Politik zu erkennen?*
   Interesse, Konflikt, Macht, Rechtsordnung, Wirtschaftsverfassung.
6. *Eignet sich der Stoff, ethische Grundfragen des Wirtschaftens zu bearbeiten?*
   Werte (z.B. Freiheit, soziale Gerechtigkeit, soziale Sicherheit, Erhaltung der Natur).

(zusammengefasst nach Kruber 2005, 101 f.)

Drei Denkweisen

Das dreifache Spezifikum ökonomischer Bildung sieht Kruber im Denken in den Kategorien der ökonomischen Verhaltenstheorie, im Denken in Systemzusammenhängen sowie im Denken in ordnungspolitischen Zusammenhängen (Kruber 2005, 85-97). Das dritte Denkmuster identifiziert Kruber – anders als Kaminski – nicht mit der deutschen Schule der Ordnungstheorie und -politik, sondern bezeichnet damit allgemein den Zusammenhang von Institutionen, Wirtschaftspolitik, politischer Willensbildung und deren Effekten (ebd., 95 f.).

Die drei Denkweisen bilden für Kruber zugleich die Grundstrukturen des ökonomischen, d.h. wirtschaftswissenschaftlichen Denkens. Aus dieser Perspektive bieten Kategorien „strukturelle Einsichten in grundlegende Phänomene der entsprechenden *Wissenschaft* (Stoffkategorien)" (Kruber 2005, 98; Herv. R.H.; vgl. Abbildung 4). Dies ist die Position

Abbildung 6: Ökonomische Basiskategorien nach Hedtke/Kohlhaas

Kategoriebereich	Kategorien, Kernbegriffe
Grundorientierungen	Rationalitäten – Individualismus – Utilitarismus – Eigennutz – Gemeinwohl
Grundproblem Knappheit	Knappheit – Kosten – Nutzen – Wahlentscheidung – Alternativkosten
Grundproblem Koordination	Koordination – Konkurrenz – Kooperation – Staat – Hierarchie – Markt – Netzwerk – Transaktionskosten – Dilemma – Fremdsteuerung – Selbststeuerung – Effizienz – Externalität
Grundbegriffe	Produktion – Konsum; Kosten – Umsatz – Gewinn; Einkommen – Konsumieren – Sparen; Arbeit – Einkommen – Verteilung; Geldanlage – Investition; Allokation – Distribution
Arbeitsteilung/Tausch	Arbeitsteilung – Handel/Tausch – Außenhandel – Internationalisierung
Konflikt, Kooperation	Konflikt – Kooperation [s.o.] – Akteur – Interesse – Macht
Organisation, Institution	Organisation – Institution – Haushalt – Unternehmen – Behörde – Nonprofitorganisation; Eigentum – Rechte; [vgl. auch „Koordination"]
Geld	Geld – Geldfunktionen – Geldwert – Währungssystem – Euro – Geldpolitik
Gesamtwirtschaft	Wachstum – Beschäftigung – Konjunktur – Inflation; Wirtschaftskreislauf – Sozialprodukt – Handelsbilanz – Zahlungsbilanz; Steuerungsziele – Steuerungsinstrumente – Steuerungsprobleme
Wirtschaftssystem	Kapitalismus – Marktwirtschaft – Soziale Marktwirtschaft – Zentralverwaltungswirtschaft – Weltwirtschaftsordnung

(leicht modifiziert aus: Hedtke 2005b, 107)

des wirtschaftsdidaktischen Mainstreams, die sich auch in Kernlehrplänen und Curricula niederschlägt.

Die wirtschaftswissenschaftlichen Stoffkategorien ergänzt Kruber um die Frage nach der Bedeutsamkeit des Stoffes für die Lernenden und um ethische Grundfragen des Wirtschaftens. Daraus macht er eine Liste von „Bildungskategorien" mit sechs Leitfragen zur Auswahl des Stoffes (vgl. Abbildung 5). Diese Leitfragen bieten eine Checkliste, mit der man prüfen kann, ob die drei ökonomischen Denkmuster tatsächlich im Zentrum des Unterrichts stehen (Kruber 2000, 290).

Sechs Leitfragen

Kruber konkretisiert jede der sechs Leitfragen in mehrere Teilfragen, mit denen man prüfen soll, ob sich ein für den Unterricht vorgesehener Stoff oder ein Thema dazu eignen, die jeweils fachlich relevanten Begriffe und Kategorien wie z.B. Knappheit, Zielkonflikt oder Marktmechanismus zu erarbeiten.

Kategorien und Curriculum

Ein umfangreicheres Kategoriensystem präsentiert Hedtke (2005b, zus. m. Rainer Kohlhaas) im Rahmen eines breit angelegten Kerncurriculums für ökonomische Bildung im Rahmen politischer Bildung. Es enthält Vorschläge für ökonomische Kernkompetenzen, Handlungsfelder als Lebenssituationen, Sektoren, Inhaltsbereiche, Methoden und Kategorien. Sein stark volkswirtschaftlich geprägter Kategorienkatalog kann realistischerweise nur als Ziel für den Abschluss nach Klasse 12/13 gelten (vgl. Abbildung 6).

3.3 Kategoriale Bildung und wissenschaftliches Wissen

Auf welche Wissensbasis können sich kategoriale Konzepte der Wirtschaftsdidaktik stützen? Potenziell einschlägig wären bildungstheoretische, wissenschaftstheoretische, fachwissenschaftlich-methodologische, lerntheoretische, lern- und wissenspsychologische, kognitionswissenschaftliche und wissenssoziologische Erkenntnisse. Tatsächlich beziehen sich die kategorialen Konzepte in erster Linie auf die Wirtschaftswissenschaften, nachrangig auch auf Bildungstheorie, und ignorieren die übrigen Disziplinen weitgehend.

Woher kommen Kategorien?

Kategoriale Konzepte benötigen fachdidaktische Methoden, mit denen man bildungsrelevante Kategorien identifizieren oder konstruieren kann. Sie gewinnen ihre Kategorien beispielsweise durch Expertenbefragung oder Analysen wirtschaftswissenschaftlicher Standardlehrbücher, um so „das Lernfeld unter *fachwissenschaftlichen* Aspekten" zu strukturieren (Kruber 2005, 98, 100; Herv. R.H.).

Weil die Wirtschaftsdidaktik das Wissen für die Bildung in den vorab festgelegten Fachwissenschaften sucht, prägt die Struktur der Disziplin (Jerome S. Bruner) die Struktur der

Bildung. In den kategorialen Ansätzen bestimmt die Struktur der Volkswirtschaftslehre die Struktur der ökonomischen Bildung. Die kategoriale Didaktik wird „von der fachwissenschaftlichen Bezugsdisziplin Wirtschaftswissenschaft und nicht von den Schülern her gedacht. Die Schüler und ihre ‚Bedürfnisse' werden jedoch in die Unterrichtsplanung einbezogen, wenn die bearbeiteten Stoffe der Lebenssituation von Schülern entnommen werden" (Kruber 2008, 190). Das unterscheidet die disziplinären Konzepte kategorialer ökonomischer Bildung wesentlich vom kategorialen Konzept Klafkis, der Kategorien in den Kontext von exemplarischem Lernen, epochaltypischen Schlüsselproblemen und Wissenschaftsorientierung (nicht: Disziplinorientierung) stellt (Klafki 1996, 56-69, 148-153, 165-171).

Von der Disziplin her denken

3.4 Lernen als Aneignung volkswirtschaftlicher Kategorien

Kategoriale Konzepte kann man mit mindestens zwei unterschiedlichen Grundformen von Unterricht verbinden: mit einem nach Problemen oder Exempeln strukturierten oder mit einem nach wissenschaftlichen Fachsystematiken aufgebauten Curriculum. Die bildungstheoretische Didaktik im Anschluss an Klafki folgt weitgehend dem problemorientierten Strukturierungsprinzip, nach dem vor allem gesellschaftliche Schlüsselprobleme oder individuelle Lebensprobleme den thematischen Rahmen des Unterrichts bilden, innerhalb dessen man allgemeine und fachliche Kategorien erwirbt und anwendet, die sich dafür eignen, diese Probleme zu bearbeiten (vgl. Kap. 5.1.2).

Die kategoriale Wirtschaftsdidaktik dagegen strukturiert das Curriculum weitgehend nach der disziplinären Systematik wirtschaftswissenschaftlicher Kategorien. Die kategorial fundierten Curricula ähneln oft der fachsystematisch begründeten Struktur volkswirtschaftlicher Einführungslehrbücher (z.B. Kaminski/Eggert 2008, 31, 35). Sie strukturieren sich meist mittels monodisziplinär zugeschnittener Inhaltskomplexe wie „Märkte und Preisbildung" oder „Internationaler Handel" und

Die Struktur der Disziplin

nicht durch fachdidaktisch definierte Themen oder Probleme, etwa „Wie werde ich eine selbstbestimmte Verbraucherin?" oder „Wie hat Machtpolitik in der Welthandelsorganisation den globalen Handel geprägt?".

Sowohl in der problemorientierten als auch in der fachsystematischen Grundform hofft man darauf, dass die Lernenden Kategoriennetze entwickeln, die sie auf immer wieder neue Sachverhalte übertragen können. Ob dies gelingt und welche Grundform dafür geeigneter ist, ist empirisch noch nicht hinreichend geklärt. Auf jeden Fall stellt Problemorientierung deutlich höhere Ansprüche an das Curriculum und die Unterrichtsplanung, da man die Fachsystematik der Kategorien über den – produktiven? – Umweg der Themen- oder Problemstruktur vermitteln muss.

An Problemen orientiert

Während man bei der problemorientierten Form darauf achten muss, dass die Systematik der Kategorien und ihre Vollständigkeit nicht verloren geht, muss man bei der fachsystematischen Form dafür sorgen, dass die reale Relevanz der Kategorien nicht aus dem Blick gerät und man in einen traditionellen Begriffsunterricht zurückfällt.

Viele der für die disziplinär orientierte ökonomische Bildung vorgeschlagenen Kategorien wirtschaftlichen Handelns gelten auch als Kernkategorien politischer oder sozialwissenschaftlicher Bildung: Arbeitsteilung, Bedürfnis, Entscheidung, Interdependenz, Koordinierung, Rationalität, Risiko, Ungleichheit, (Wirtschafts-)Ordnung und (Ziel-)Konflikt (vgl. Abbildung 3). Gemeinsamkeiten und Unterschiede können die

Kategorien der Sozialwissenschaften

Abbildung 7:
Spezifische Kategorien wirtschaftlichen Handelns nach Hedtke

	Wirtschaftliches Handeln ist charakterisiert durch den Begriff/die Kategorie ...
Handeln:	Knappheit
	Kosten-Nutzen/Gewinn-Vergleich
Handlungskontext:	Institution, insbesondere Markt
	Kreislauf
	Externalität

(eigene Darstellung)

Lernenden am besten erkennen, wenn sie diese Kategorien im Unterricht explizit, systematisch und vergleichend bearbeiten, etwa die „Rationalität" in der ökonomischen Bildung und in der politischen Bildung.

Einige Kategorien, die für wirtschaftliches Handeln spezifisch sein sollen, entpuppen sich also als typisch für *jegliches* Handeln in gesellschaftlichen Kontexten. Genau betrachtet bleiben aus diesem Katalog nur fünf Kernkategorien übrig, die in ihrer Kombination wirtschaftliches Handeln samt seinem Kontext von anderem Handeln unterscheiden (vgl. Abbildung 7).

3.5 Kritik der wirtschaftswissenschaftlichen Bildung

Das Konzept einer kategorialen wirtschaftswissenschaftlichen Bildung hat wirtschaftsdidaktisch, curricular und unterrichtspraktisch eine lange Tradition. Disziplinäre Ansätze sind insbesondere in angelsächsischen Ländern verbreitet. Die Grundidee kategorialen Lernens trifft auf eine hohe Akzeptanz, weil man Kategorien hohe Erschließungskraft, starke Orientierungswirkung und gute Übertragbarkeit zutraut. Sie gewinnt gegenwärtig in Form von domänenspezifischen Basis- und Fachkonzepten eine neue, auch empirisch überprüfbare Substanz. Kategorien oder Fachkonzepte sind wichtige Elemente ökonomischer Bildung. Sie erfüllen in Konzepten einer wirtschaftlichen, paradigmatischen, situations- bzw. problemorientierten oder sozialwissenschaftlichen Bildung eine Systematisierungsfunktion. Kategorial-disziplinäre Konzepte sind aber auch defizitär.

Kategoriale Tradition

Erstens berufen sie sich zwar auf die Didaktik Klafkis, folgen ihm aber hinsichtlich Wissenschaftsorientierung, epochaltypischen Schlüsselproblemen, exemplarischem Lernen, Subjektorientierung und Konstruktivismus nicht oder kaum. Denn für Klafki erschließen Kategorien Zugänge zur *Wirklichkeit* und ihren Schlüssel*problemen,* ohne dabei einfach die Systematik der entsprechenden Bezugswissenschaften zu übernehmen (Klafki 1996, 151). Konzepte, die ihre Kategorien wesentlich aus der an Modellakteuren und Aggregaten

Kategorie statt Problem?

interessierten Volkswirtschaftslehre gewinnen, vernachlässigen notwendigerweise Subjekt, Sinn und Subjektivität. Sie laufen Gefahr, Schülervorstellungen zu ignorieren und sich auf „Begriffsakrobatik" zu beschränkten (vgl. Petrik 2007, 55-64).

Zweitens ist ungeklärt, ob die kategorial-wirtschaftswissenschaftlichen Konzepte, die auf May zurückgreifen (May 2001, 8-50), dem Stand der Bezugsdisziplinen entsprechen. May begründet seine Kategorien fachwissenschaftlich und fachdidaktisch unsystematisch, oberflächlich und lückenhaft. Dem derzeitigen Kategoriensystem der ökonomischen Bildung fehlt deshalb eine solide, fachdidaktisch konstruierte Fundierung in den Wirtschaftswissenschaften. Ausgerechnet die *disziplinär* orientierte Wirtschaftsdidaktik setzt sich nicht mit dem wirtschaftswissenschaftlichen Diskurs über Selbstverständnis, Kern und Kategorien der Disziplin auseinander.

Dünner Disziplinbezug

Drittens vermeidet es die disziplinär-kategoriale Wirtschaftsdidaktik bisher, sich differenziert mit dem Problem zu beschäftigen, dass die von ihr als „typisch ökonomisch" reklamierten Kategorien zu einem erheblichen Teil transdisziplinäre *sozialwissenschaftliche* Kategorien sind (vgl. Hedtke 2002b, 27-30, und 2008a).

Hinzu kommt viertens, dass zentrale Kategorien wie beispielsweise Rationalität, Institution oder Ordnung nicht einmal *innerhalb* einer wirtschaftswissenschaftlichen Disziplin einheitlich definiert und verwendet werden. Auch ist der ordnungspolitische Denkansatz, auf den sich die wirtschaftsdidaktisch herausgehobene Kategorie „Ordnung" bezieht, fachwissenschaftlich schwach begründet und höchst umstritten (z.B. Bachmann 2010).

Plurale Kategorien

Fünftens hat die Wirtschaftsdidaktik noch keine wissenschaftliche *Methode* für die Auswahl und Definition von Kategorien entwickelt. Diese kann man aber nicht einfach aus den Fachwissenschaften entnehmen. Dort sind sogar elementare Grundfragen umstritten, etwa ob Knappheit oder Koordination das Kernproblem der Ökonomik sein soll (Homann/Suchanek 2005, 2-5).

Schließlich weiß man nicht, was die disziplinären Kategorien zur individuellen *Handlungskompetenz* in realen Situationen oder zu sozialen Rollen wie Konsumentin und Arbeitnehmerin beitragen (Hedtke 2010a, 2010b). Die wirtschaftsdidaktisch völlig vernachlässigte Betriebswirtschaftslehre adressiert fast ausschließlich Unternehmensleitungen, die bevorzugte Volkswirtschaftslehre richtet ihre Empfehlungen meist an die Wirtschaftspolitik.

3.6 Didaktischer Kompass und Leseempfehlung

Der didaktische Kompass verdeutlicht die typische Gestalt des jeweiligen Konzeptes anhand von neun Dimensionen, die durch zwei Gegensatzpaare aufgespannt sind und Ausprägungen in drei Positionierungen beschreiben (voll – teilweise – nicht zutreffend). Diese Darstellung fachdidaktischer Konzepte versteht sich sowohl als prägnante Visualisierung der Unterschiede als auch als inhaltlicher Diskussionsvorschlag.

Abbildung 8:
Kompass „Kategoriale wirtschaftswissenschaftliche Bildung"

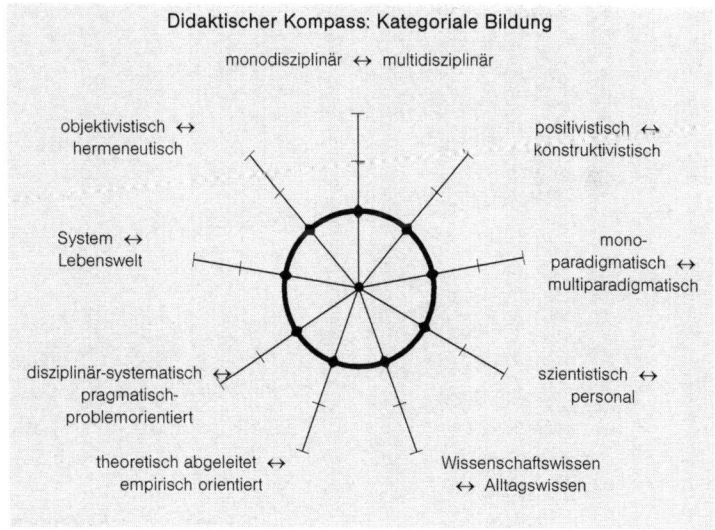

(eigene Darstellung)

Leseempfehlung zum kategorialen Konzept:

Kruber , Klaus-Peter 2008: Kategoriale ökonomische Bildung. In: Hedtke, Reinhold/Weber, Birgit (Hrsg.): Wörterbuch ökonomische Bildung. Schwalbach/Ts., 187-190.

Kruber, Klaus-Peter 2005: Ökonomische und politische Bildung. Der mehrperspektivische Zugriff auf Wirtschaft und Politik. In: Kahsnitz, Dietmar (Hrsg.) 2005a: Integration von politischer und ökonomischer Bildung? Wiesbanden, 75-109.

4. Ein spezifisches Denkmuster: „Paradigmatische Bildung"

Als charakteristisch für eine wirtschaftswissenschaftlich ausgerichtete ökonomische Bildung gelten traditionell eine spezifische Methodik oder ein spezifisches Akteursmodell: die mathematisch-quantitative Modellbildung oder das Denken in Modellen ganz allgemein sowie die Modellfigur des Homo oeconomicus, der dem rationalen, eigennützigen Kosten-Nutzen-Kalkül folgt (vgl. Kaiser/Kaminski 1999, 40-43; Retzmann 2008, 79). Seit rund zehn Jahren suchen Wirtschaftsdidaktiker nach einem neuen Alleinstellungsmerkmal für die ökonomische Bildung und sehen es im Paradigma der Ökonomik (vgl. Kap. 4.2). Weil die Ökonomik sich paradigmatisch von Politikwissenschaft oder Soziologie unterscheide, müsse sich auch ökonomische Bildung paradigmatisch von politischer und gesellschaftlicher Bildung abheben. Paradigma

Paradigma als Proprium

Abbildung 9: Paradigmatische Wende der ökonomischen Bildung?

Prinzipien ökonomischer Bildung (ÖB)	disziplinäres Prinzip	paradigmatisches Prinzip
	Wirtschaftswissenschaften	Ökonomik
dimensionales Prinzip Teilsystem Wirtschaft	Wirtschaftslehre ↘	
rationales Prinzip Optimierungshandeln	Volkswirtschaftliche Bildung	→ Ökonomik-Bildung
haushälterisches Prinzip: Daseinsvorsorge	↗ Konsumentenbildung	

(eigene Darstellung)

31

soll hier ein wissenschaftliches, methodologisch fundiertes Denkmuster bezeichnen, das die Welt aus einer besonderen Perspektive betrachtet, von einer Gemeinschaft von Wissenschaftlern akzeptiert wird und so traditionsbildend wirkt (Thomas S. Kuhn).

Damit zeichnet sich möglicherweise eine *paradigmatische Wende* der Wirtschaftsdidaktik ab: das Prinzip „Ökonomik als Kern der ökonomischen Bildung" scheint die disziplinäre und dimensionale Abgrenzung in den wirtschaftswissenschaftlichen und wirtschaftlichen Konzepten ökonomischer Bildung abzulösen (vgl. Kap. 3 und 5.1, Abbildung 9). Aus Wirtschaftsdidaktik wird Ökonomikdidaktik.

Didaktik der Ökonomik

4.1 Das paradigmatische Konzept ökonomischer Bildung

Aus dieser Sicht steht „ökonomisch" in „ökonomische Bildung" für eine spezifische Denkweise oder ein Paradigma der bzw. in den Wirtschaftswissenschaften. Entwickelt haben dieses paradigmatische Konzept vor allem Gerd-Jan Krol, Jan Karpe und Andreas Zoerner; Hans Kaminski, Dirk Loerwald und Thomas Retzmann zählen zu seinen Anhängern. Die Annahme einer Alleinstellung des Paradigmas der Ökonomik ist fragwürdig, da sich Experimental- und Verhaltensökonomik, Psycho- und Neuroökonomik von deren Akteursmodell teilweise abwenden und auch in die ökonomische Bildung Einzug halten (Schlösser 2008, 2009).

Was spricht für die Ökonomik als der „originäre Kern ökonomischer Bildung" (Krol/Zoerner 2008, 102)? Man führt ein wirtschaftswissenschaftliches und ein soziologisches Argument dafür an. Erstens sei die Ökonomik das charakteristische Paradigma *der* Wirtschaftswissenschaften. Zweitens passe dieser methodologische Ansatz besonders gut zu den *allgemeinen* Funktionsbedingungen moderner Gesellschaften, die durch Dilemmastrukturen und Institutionenabhängigkeit gekennzeichnet seien (Karpe/Krol 1997, 1999; Krol/Zoerner 2008, 126). Beides sind fachwissenschaftliche, nicht fachdidaktische Argumente.

Moderne Dilemmata

Das fachdidaktische Argument ergibt sich aus den disziplinären Argumenten: Weil die Perspektive der Ökonomik optimal zu den Charakteristika modernen Gesellschaften passe (funktionale Differenzierung, Individualisierung, Pluralisierung, Dilemmastrukturen), sei sie „für eine Selbstaufklärung und Weltverständnis anstrebende Bildung ... nicht ersetzbar" (Krol/Zoerner 2008, 126 f.). Besonders fruchtbar sei sie, um die typischen, durch Dilemmata verursachten Krisen moderner Gesellschaften wie Umweltprobleme, Arbeitslosigkeit oder Überlastung der Sozialsysteme zu verstehen und zu überwinden.

Krisen der Gesellschaft

So bildet das „Forschungsprogramm der Ökonomik den zentralen fachwissenschaftlichen Bezugspunkt für die Konzeption von Bildungsstandards in der ökonomischen Bildung" (Krol/Loerwald/Zoerner 2006, 8). Die Ökonomik wird als *die* typisch ökonomische Denkweise zu *dem* zentralen Analyseinstrument, das die Lernenden im Fach oder Lernbereich Wirtschaft erwerben und anwenden sollen (z.B. Krol/Zoerner 2008, 105 f.; Kaminski 2003; Kaminski 2008, 25-29).

Ein weiterer paradigmatischer Ansatz der Wirtschaftsdidaktik folgte der Neuen Institutionenökonomik (Kaminski 1997; Karpe/Krol 1999; Karpe 2008), ging aber inzwischen im ökonomik-paradigmatischen Konzept auf. Ein multiparadigmatisches Konzept mit Akzent auf der Neuen Haushaltsökonomik entwickelt Michael-Burkhard Piorkowsky (2009, 56-59).

Im Folgenden skizziere ich das *monoparadigmatische Konzept* ökonomischer Bildung, das nur ein einziges Paradigma berücksichtigt. Wäre die Ökonomik tatsächlich ein typisch *wirtschaftswissenschaftliches* Paradigma, wäre das paradigmatische Konzept nur ein Sonderfall der wirtschaftswissenschaftlichen Bildung (vgl. Kap. 3). Tatsächlich aber schwankt das paradigmatische Konzept zwischen einer disziplinären Eingrenzung auf die Wirtschaftswissenschaften, einer dimensionalen Einschränkung auf „die Wirtschaft" und einer universalen Anwendung auf Wirtschaft, Gesellschaft, Politik und Geschichte (vgl. Abbildung 10). Faktisch bezieht sich das Konzept meist auf die Volkswirtschaftslehre und dort

Ökonomik als einzige Denkweise

vorwiegend auf die spezielle Konzeption von Ökonomik aus dem Lehrbuch von Karl Homann und Andreas Suchanek (2005; vgl. Hedtke 2001, 15-38).

Eine universalistische Position vertreten Gerd-Jan Krol und seine Mitautoren. Die Ökonomik leiste als grundlegendes Analyseverfahren, das auch auf andere Fragestellungen zur sozialen Kooperation übertragbar sei, einen spezifischen Beitrag zum Verständnis der modernen Gesellschaft und damit zur gesellschaftlichen Bildung (Krol/Zoerner 2008, 102, 106). Auch für Thomas Retzmann erfasst und analysiert die Ökonomik entgrenzt die gesamte soziale Welt (2008, 77). Ökonomikbildung ist dann *universale gesellschaftliche Bildung*.

Universale Bildung

Abbildung 10: Die universale und die sektorale Perspektive der Ökonomik auf die Welt

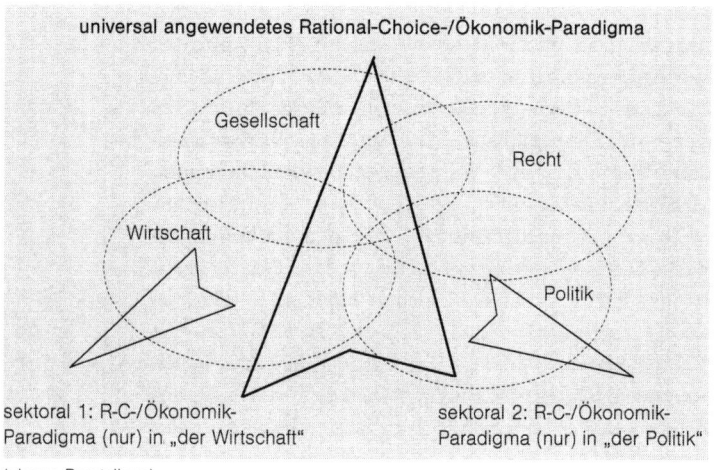

(eigene Darstellung)

Konzepte wirtschaftlicher Bildung passen nicht zu diesem methodologischen Universalismus, weil sie sich über den Gegenstandsbereich Wirtschaft definieren (Kap. 5.1). Vertreter des paradigmatischen Ansatzes lehnen sie deshalb ab. Retzmann bezeichnet diese Konzepte als *Wirtschaftskunde*, die den Anschluss an die wirtschaftswissenschaftliche Bezugswissenschaft verliere, denn diese definiere sich durch ihre spezifische Forschungsmethode, die Ökonomik. Auch dies ist ein disziplinäres, kein didaktisches Argument.

Manchmal aber greift die paradigmatische Wirtschaftsdidaktik dann doch auf den Ansatz wirtschaftlicher Bildung zurück, um den Anwendungsbereich der Ökonomik näher einzugrenzen. Die Ökonomik sei exemplarisch auf Gegenstände aus der Wirtschaftspraxis anzuwenden, die man nach dem Prinzip der Lebenssituationsorientierung auswählen solle (Retzmann 2008, 80 f.).

Ein weiterer Typ paradigmatischer Konzepte betrachtet die Denkrichtung der *Ordnungstheorie* verbunden mit dem Ordoliberalismus (vgl. z.B. Ptak 2004) als besonders bildungsrelevant. Kaminski sieht den „archimedischen Punkt" eines Bezugssystems ökonomischer Bildung „in der jeweils existierenden Wirtschafts- und Gesellschaftsordnung", deren grundlegende „Ordnungsformen und Ordnungselemente" den „Ordnungsrahmen und das Handlungsfeld" für Kinder und Jugendliche bildeten, und nicht in einer Fachdisziplin (Kaminski 2003, 49). Die Lernenden müssten ein „Denken in Ordnungen" entwickeln und sich mit dem Ordnungsrahmen kritisch-konstruktiv auseinandersetzen (Kaminski 2003, 64; 2008, 23).

Ordnung als Referenz

Neben den monoparadigmatischen Konzepten findet man in der Wirtschaftsdidaktik auch pluralistische Argumentationen, etwa bei Peter Davies, Reinhold Hedtke, Thorsten Hippe oder Günther Seeber (z.B. Davies 2001; Hedtke 2002a, 2005c; Seeber 1997, 2006; Weinbrenner 1997). Für die Didaktik der Betriebswirtschaftslehre fordert z.B. Josef Aff (1997) paradigmatischen Pluralismus, kritische Wissenschaftsorientierung und Multiperspektivität.

Pluralistische Konzepte

4.2 Paradigmatisches Wissen der Ökonomik

Wie sehen Wirtschaftsdidaktiker das Paradigma der Ökonomik? Die Positionen, die Gerd-Jan Krol und seine Mitautoren dazu entwickelt haben, wurden breit rezipiert und werden im Folgenden skizziert.

Drei Kernelemente

Ökonomik diene „als Erklärungsmuster für Probleme und als Suchraster nach (wechselseitig) vorteilhaften Alternativen" (Krol/Zoerner 2008, 106, 126 f.). Der ökonomische Denkansatz bestehe aus drei Kernelementen: der ökonomischen Verhaltenstheorie, dem Denken in Kreislaufzusammenhängen und dem Denken in ordnungspolitischen Zusammenhängen (ebd., 108 f.; vgl. Abbildung 11). Diese drei Elemente machten das Originäre der ökonomischen Bildung aus. In der Darstellung überschneiden sich diese Kernelemente inhaltlich sehr stark (ebd., 116-119), der wesentliche Kern ist die Verhaltenstheorie mit den Elementen Handlungstheorie (Homo oeconomicus) und Situationstheorie (Anreize, Regeln/Institutionen).

Aus Sicht der Wirtschaftsdidaktik erklärt und prognostiziert die ökonomische Verhaltenstheorie Muster und Verkettungen von Handlungen sowie deren beabsichtigte und unbeabsichtigte Folgen. Ihr Charakteristikum sei, dass sie Handeln auf

Anreize für Akteure

Institutionen (Anreize, Restriktionen) zurückführe und nicht auf die persönlichen Motive der Handelnden. Nach diesem Erklärungsmuster änderten Akteure ihr Verhalten nur dann, wenn sich die für sie relevanten Anreize oder Restriktionen hinreichend stark ändern. So verbessere sich etwa das Umweltverhalten, wenn eine umweltschädliche Handlung wie das Autofahren relativ „teurer" wird.

Abbildung 11: Die Anwendung des ökonomischen Paradigmas

Perspektive: Akteur / Lebenssituation ／ Sach- / Fachkompetenz	Privathaushalte; Perspektive: Konsumenten	Unternehmung / Betriebe; Perspektive: Erwerbstätige	Staat / Internationale Kooperation; Perspektive: Wirtschaftsbürger
Instrumentelles Wissen	Bearbeitung adressatenspezifischer Problem- und Fragestellungen mittels Denken in 1. Kategorien der ökonomischen Verhaltenstheorie 2. Kreislaufzusammenhängen 3. ordnungspolitischen Zusammenhängen		
Struktur- und Funktionswissen			
Wissen um Wertegeltungsbedingungen			

(leicht verändert aus: Krol/Zoerner 2008, 109)

Diese Verhaltenstheorie stützt sich auf die Annahmen eigennützigen und rationalen Handelns, stabiler Präferenzen der Individuen und veränderlicher Handlungsbedingungen (Restriktionen). Der individuelle Akteur hat Ziele, sieht Alternativen, sie zu erreichen, bewertet diese im Kosten-Nutzen-Vergleich und wählt systematisch immer die für ihn aus seiner Sicht vorteilhafteste aus (Krol/Zoerner 2008, 114).

Kosten-Nutzen-Vergleich

Danach kann man Verhaltensänderungen als systematische und damit vorhersagbare Reaktion auf die Änderungen der Rahmenbedingungen des Handelns erklären. Das ist für die Wirtschaftsdidaktik der harte Kern des Denkschemas der Ökonomik. Die Rahmenbedingungen wirkten auf das Handeln der Individuen als positive oder negative Anreize, sodass man sie nutzen könne, um das durchschnittliche Handeln einer großen Gruppe zu steuern (Anreizsteuerung). Weitere Merkmale seien die Typisierung als Methode und der methodologische Individualismus, d.h., man analysiert das Verhalten eines durchschnittlichen, repräsentativen Typus von Individuum (Modellakteur) und führt alle Sozialphänomene ausnahmslos auf individuelles Handeln zurück. Die Ökonomik wolle typisches Verhalten großer Gruppen erklären, z.B. von Konsumenten (Mustererklärung).

Verhalten großer Gruppen

Die paradigmatische Wirtschaftsdidaktik betont, dass sich die Ökonomik auf die Analyse von Interaktions- und Kooperationsproblemen in der modernen Gesellschaft konzentriere und deshalb eine Situationstheorie und keine Verhaltenstheorie sei (Krol/Zoerner 2008, 115). Der Ökonomik gehe es „um *Erklärung zwecks Gestaltung*" der sozialen Welt, sie solle „zur *Lösung der Probleme der sozialen Ordnung*" beitragen (Homann/Suchanek 2005, 25, 349). Damit versteht sie sich als eine allgemeine Sozialtheorie.

Erklären zwecks gestalten

In deren Mittelpunkt stehen soziale Dilemmata. Sie sind, stark vereinfacht, gesellschaftliche Probleme, die dadurch entstehen, dass eigennützige individuelle Handlungen (die aus Sicht des Individualismus und der Markttheorie grundsätzlich erwünscht sind) durch die strukturellen Bedingungen, unter denen sie stattfinden, zu kollektiver Selbstschädigung führen. Schäden etwa durch die Übernutzung von Umweltgütern, für die kein Preis gezahlt werden muss, z.B. durch den Flugverkehr, sind ein typisches Exempel. Die zentrale politische Botschaft: Man muss die Anreize und Institutionen gezielt so ändern, dass sie wechselseitig vorteilhafte Kooperationen zwischen eigennützigen individuellen Akteuren fördern und zugleich gesellschaftlich unerwünschte Nebenwirkungen verhindern.

Politik per Anreiz

Da diese ökonomische Verhaltenstheorie bereits eine Theorie der Situationsstruktur und institutioneller Regeln enthält, bietet das „Denken in ordnungspolitischen Zusammenhängen" als zweites Element des paradigmatischen Konzepts keine neuen Aspekte. Das Denken in Kreislauf- und Wirkungszusammenhängen soll helfen, falsche Verallgemeinerungen von der Mikro- auf die Makroebene (Aggregationsproblem vom einzelwirtschaftlichen Phänomen zur gesamtwirtschaftlichen Wirkung) und unzulässige Vermischungen von personalen und situativen Merkmalen zu vermeiden (individuelle Freiwilligkeit vs. Anreizsystemsteuerung) (Krol/Zoerner 2008, 116 f.).

4.3 Lernen als Aneignung einer universalen Perspektive

Wie die kategorialen Konzepte lassen sich auch paradigmatische Konzepte ökonomischer Bildung in exemplarisch wie in stoffsystematisch strukturierten Curricula realisieren (vgl. Kap. 3.4). Aber bei curricularen Vorschlägen aus der paradigmatischen Wirtschaftsdidaktik und ihrem Umfeld dominiert meist die stoffsystematische Struktur (z.B. Kultusministerium 2006). Beispielsweise dienen die Sektoren des Wirtschaftskreislaufs – Privathaushalt, Unternehmen, Staat, Ausland – ergänzt um Wirtschaftsordnung und Arbeit/Beruf für ökonomische Bildung in den Klassenstufen 1-12 als stoffliche Grundstruktur, die dann systematisch weiter ausdifferenziert und konkretisiert wird (Kaminski/Eggert 2008, 22). Anders als vom kategorialen Ansatz mit seinen Leitfragen gefordert, handelt es sich bei dem Ausgewählten in aller Regel um traditionelles ökonomisches Standardwissen und nicht um paradigmatisch spezifisches Wissen (vgl. Kap. 3.2).

Traditionelles Standardwissen

Abbildung 12: Zwei Methodologien für die ökonomische Bildung

Monoparadigmatisches Konzept	Multiparadigmatisch-pragmatisches Konzept
Setzung 1: ökonomisch = wirtschaftswissenschaftlich ⇩ Setzung 2: Fokus auf Volkswirtschaftslehre ⇩ Setzung 3: Fokus auf Standardmikroökonomik ⇩ Setzung 4: Fokus auf Homann-Suchanek-Ökonomik ⇩ Setzung 5: Gesellschaftsbild der Ökonomik ⇩ Setzung 6: ökonomische Urteilskompetenz durch Ökonomik ⇩ theoretische Plausibilisierung der Handlungsrelevanz der Ökonomik ⇩ Suche nach praktischen Problemen als Anwendungsfälle der Ökonomik ⇩ Konstruktion monodisziplinär-monoparadigmatischer Lernprozesse ⇩ ökonomistisch verengte Handlungskompetenz	sozialwissenschaftlich fundierte ökonomische Handlungskompetenz ⇧ Konstruktion i.d.R. multidisziplinär-multiparadigmatischer Lernprozesse ⇧ i.d.R. multidisziplinäre Landkarte zur Situation / zum Problem (ggf. auch monodisziplinäre) ⇧ ggf. Suche nach weiteren Ansätzen und Lösungen ⇧ Prüfung von Standardansätzen und Standardlösungen ⇧ Eingrenzung von Lösungsräumen: Beschreibungen, Erklärungen, Empfehlungen ⇧ Erfassung der einschlägigen Praktiken ⇧ Beschreibung des Problems / der Situation ⇧ Setzung 2: Fokus auf Sozial- und Verhaltenswissenschaften (inkl. Wirtschaftswissenschaften) ⇧ Setzung 1: Fokus auf Handlungs- und Urteilskompetenz zur Lösung ökonomischer Probleme

(aus: Hedtke 2010a, 363)

In der Praxis, wie sie sich etwa in Curricula und Lehr-Lern-Materialien manifestiert, findet sich der universalistische Anspruch der Ökonomik bisher kaum wieder, vielmehr begrenzt man sie meist auf die Wirtschaft. Die Ökonomik auch außerhalb der Wirtschaft anzuwenden, z.B. auf die Politik, kommt bisher praktisch nicht vor, obwohl man beabsichtigt, mit dem paradigmatischen Konzept die Denkweise der politischen Bildung zu ergänzen (Krol/Zoerner 2008, 94, 127).

Das Denken in den Kategorien des Ökonomik-Paradigmas und seinem „Grundverständnis von Wirtschaft und Gesellschaft" ist das Analysemuster, das die Lernenden erwerben und immer wieder auf die wirtschaftlichen und wirtschaftswissenschaftlichen Stoffe anwenden sollen (Kaminski 2009, 534). *Kein Vergleich* — Systematische Vergleiche mit anderen Paradigmen sind i.d.R. nicht vorgesehen, nur das Konsumverhalten wird meist auch psychologisch und soziologisch erklärt. Nach diesen Vorstellungen könnte ein einzigartiges Schulfach entstehen, das eine einzige paradigmatische Perspektive auf die (Wirtschafts-)Welt vermittelt und so eine hohe analytische Stringenz und Geschlossenheit erreicht. Für die Unterrichtsplanung hätte dies den Vorteil, dass sie sich auf ganz wenige paradigmatische Prinzipien konzentrieren und diese auf immer neue Stoffe anwenden kann.

Diese Vereinseitigung kann produktiv sein, wenn man im Unterricht systematisch und wiederholend Phasen einbaut, in denen *alternative* Paradigmen ihre Erklärungskraft unter *Alternative Ansätze* — Beweis stellen können. Nur so können die Lernenden die spezifische Perspektivität, mit der das Paradigma der Ökonomik die Welt betrachtet, erkennen und kritisch reflektieren. Das wäre aber bereits ein multiparadigmatisches Konzept (vgl. Abbildung 12, Kap. 6.2).

4.4 Kritik der paradigmatischen Bildung

Das Denkmuster, das die Vertreter des paradigmatischen Konzeptes ökonomische Bildung unter dem Namen Ökonomik zusammenfassen, gehört zum sozialwissenschaftlichen Kernbestand der Allgemeinbildung. Varianten dieses Paradigmas mit den beiden Hauptelementen Rationalhandlungstheorie und Institutionalismus sind in allen Sozialwissenschaften stark verbreitet und beeinflussen Wirtschaft und Politik. Lernende müssen seine elementare Denkfigur – neben anderen – kennen, um Gesellschaft, Wirtschaft und Politik zu verstehen, zu ordnen und zu gestalten, denn es prägt normativ das Handeln vieler Akteure, die ihre Welt zunehmend durch die Brille der Ökonomik wahrnehmen und entsprechend handeln.

Die Brille der Ökonomik

Gerade in der kontraintuitiven Anwendung des ökonomischen Paradigmas auf nichtwirtschaftliche Phänomene und Probleme, z.B. das Handeln von Politikern, Regierungen und Wählern, liegt ihr aufklärerisches Potenzial. Aber der Anspruch, dass ein Schulfach nur ein einziges Denkmuster lehren soll, lässt sich angesichts des strukturellen Pluralismus in Wissenschaft, Gesellschaft und Politik nicht rechtfertigen.

Der ökonomische Erklärungsansatz ist also erstens ein allgemeines sozialwissenschaftliches Paradigma und deshalb kein disziplinäres Spezifikum der Wirtschaftswissenschaften. „Die Ökonomik ist .. eine Methode der Sozialwissenschaften, während die Ökonomie [Wirtschaft, R.H.] einer ihrer Gegenstandsbereiche ist" (Kirchgässner 2008, 2). Das scheinbare Alleinstellungsmerkmal ökonomischer Bildung löst sich damit auf.

Die Ökonomik der Sozialwissenschaften

Zweitens hält die individualistische Sozialtheorie des paradigmatischen Konzepts gesellschaftlich erwünschte Zustände politisch nur dann für erreichbar, wenn sie sich indirekt als Nebenfolgen eigennütziger Handlungen ergeben, nicht aber durch direkte Verfolgung gemeinsamer Ziele. Diesen politischen (!) Denkansatz müssen Lernende zweifellos beherrschen, die wichtigsten Alternativen dazu aber auch, sonst verbreitet man einseitig ein einziges Weltbild. Man braucht „gegenseitige kritische Korrektive" im „sehr sinnvollen Wettbewerb" zwischen den Paradigmen (Kirchgässner 2008, 306, 308).

Wettbewerb der Weltbilder

Drittens repräsentiert das Paradigma der Ökonomik samt seinen Varianten zwar in etwa die Mehrheitsposition in der Volkswirtschaftslehre. Die Disziplinen der Wirtschaftswissenschaften verstehen sich aber meist als multiparadigmatisch. Ein monoparadigmatisches Bildungskonzept widerspricht also dem Selbstverständnis der Bezugsdisziplinen und ist für eine disziplinäre ökonomische Bildung weder geeignet noch legitim (vgl. Kap. 3).

Manche Wirtschaftsdidaktiker erkennen das, ohne daraus konzeptionelle Konsequenzen zu ziehen (Retzmann 2008, 78 f.). Das wäre aber dringend erforderlich: Wenn es beispielsweise stimmt, dass sich private Akteure bei Entscheidungen über Vorsorge und Geldanlage im Durchschnitt typischerweise nicht rational verhalten, führt die Rationalitätsannahme die Lernenden systematisch in die Irre (z.B. Ariely 2008). Wer glaubt, auch er entscheide rational, hat keine Chance, seine Nichtrationalität zu erkennen.

Nichtrationalität erkennen

Viertens erheben Wirtschaftsdidaktiker das „Forschungsprogramm der Ökonomik" der beiden Ökonomen Homann und Suchanek zum einzigen „Erkenntnisprogramm der ökonomischen Bildung" (Kaminski 2003, 55). Aus Ökonomik-Didaktik wird dann Homann-Suchanek-Abbilddidaktik. Die beiden Autoren selbst betonen aber, ihre Konzeption beanspruche „keineswegs die einzige oder gar die einzig richtige zu sein" (Homann/Suchanek 2005, VI, 347). Umstritten sind z.B. die Relevanz von Dilemmastrukturen, die Grenzen gegenseitig vorteilhafter Kooperation und die Ausbeutung moralischen Handelns.

Fünftens müssen die paradigmatischen Konzepte ein schlüssiges Verständnis von Ökonomik erst noch entwickeln (vgl. Abbildung 1). Allein auf der Basis der Rezeption eines einzelnen Lehrbuches von Homann und Suchanek kann man eine Schulfachphilosophie nicht begründen, selbst wenn man es um einige weitere Literaturhinweise ergänzt.

Lehrbuchwissen ist zu wenig

Sechstens verlangt die Orientierung an praktischen Handlungsproblemen meist multiparadigmatische Ansätze. Als problemorientierte Wissenschaften integrieren Marketingwissenschaft, Personalwirtschaftslehre oder Betriebswirtschaftslehre geeignete Theorien aus unterschiedlichen Wissenschaften (Hedtke 2010a), weil sie praktisch angemessene, i.d.R. multidisziplinäre Problemlösungen bevorzugen. Demgegenüber ist ein monoparadigmatisches Konzept ökonomischer Bildung nur schwach handlungsrelevant (vgl. Abbildung 13). Dogmatik verdrängt Pragmatik.

Dogmatik statt Pragmatik

Abbildung 13: Die Akteurin in der Ökonomik und in ihrer Lebenswelt

	Standardökonomik	Lebenswelt
Handlungstyp	typisch-durchschnittliches Modellhandeln	individuell-persönliches Realhandeln
Erkenntnisinteresse	Prognose der Reaktion von Aggregaten	Vollzug individuell angemessener Handlungen
Analysetyp	standardisierte Mustererklärung	subjektive Interpretation
Akteurin	autonome Akteurin	sozial eingebettete Akteurin
Situation	objektiv gegeben	subjektiv gedeutet, kulturell geprägt
Entscheidung	formalisierte Algorithmen	informelle Verfahren
Maxime	Rationalität	Routine, Rationalität, Emotionalität, Kulturalität
Güter	objektiv gegeben	subjektiv und kulturell unterschiedlich gedeutet
Information	Markttransparenz	Marktintransparenz

(verändert aus: Hedtke 2006, 109)

Siebtens läuft das paradigmatische Konzept Gefahr, dass Lernende, die die Welt immer nur aus der methodologischen Perspektive der Ökonomik betrachten, schließlich glauben, die Menschen handelten tatsächlich so, wie es das Paradigma konstruiert. Dann richten sie ihr eigenes Handeln darauf ein. Solche Rahmungseffekte sind empirisch gut belegt (z.B. Khurana 2007). Ökonomik-Bildung kann so Wirtschaft, Gesellschaft, Politik und privates Leben verändern.

An eine Weltsicht glauben

Schließlich kann man achtens einwenden, dass es kaum möglich ist, Steuerungsmechanismen zu erfinden, die es verhindern, dass raffinierte opportunistische Akteure sie mit immer wieder neuen Strategien unterlaufen und sie so wirkungslos machen (z.B. Windolf 2003). Nur eine kollektiv akzeptierte

Moral oder Kultur der Regelsetzung und Regelbefolgung kann das verhindern oder wenigstens behindern. Die Ökonomik aber gründet ihr Erklärungsschema gerade darauf, dass den Akteuren eine moralische Bindung typischerweise fehle und auch nicht zugemutet werden könne.

4.5 Didaktischer Kompass und Leseempfehlung

Abbildung 14: Kompass „Paradigmatische Bildung"

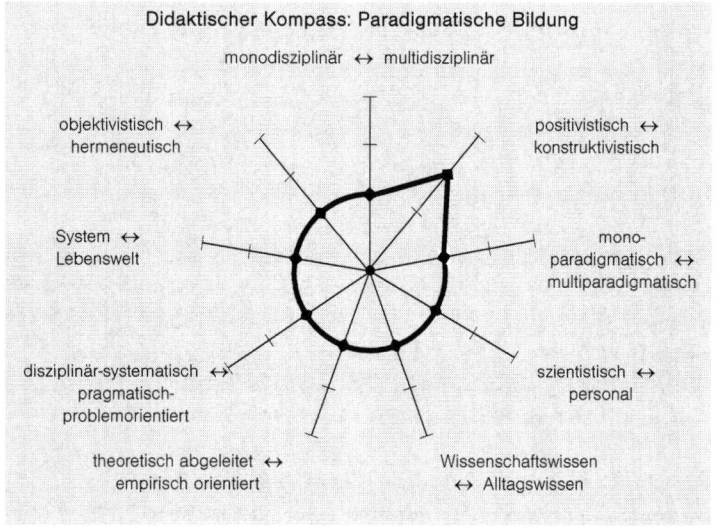

(eigene Darstellung)

Leseempfehlung zum paradigmatischen Konzept:

Krol, Gerd-Jan/Zoerner, Andreas 2008: Ökonomische Bildung, Allgemeinbildung und Ökonomik. In: Kaminski, Hans/Gerd-Jan Krol (Hrsg.): Ökonomische Bildung – legitimiert, etabliert, zukunftsfähig. Stand und Perspektiven. Bad Heilbrunn, 91-130.

5. Wirklichkeiten der Wirtschaft und des Lebens

Viele wirtschaftsdidaktische Konzepte, Lehrpläne und Curricula beziehen sich vorwiegend auf die Realitätsdimension Wirtschaft und auf Lebenssituationen, die als „wirtschaftliche" gelten. Damit vertreten sie im Prinzip die Grundidee einer wirtschaftlichen Bildung, die sich vor allem auf wirtschaftliche Wirklichkeit(en) bezieht. So erklärt etwa Hans-Jürgen Albers die Befähigung „zur Bewältigung der ökonomisch geprägten Lebenssituationen" zum Kern der ökonomischen Bildung (Albers 1995, 2). Auch methodisch beziehen sich viele Wirtschaftsdidaktiker stark auf die „ökonomische Realität", wenn sie etwa nachdrücklich für Erkundungen als „Originalbegegnung mit der Praxis" plädieren (Steinmann 1982, 20 f.). Dabei legen sich allerdings viele bereits vorab auf die *Wirtschaftswissenschaften* als Bezugsdisziplin fest (vgl. Kap. 3).

Der Realität begegnen

Dagegen prüfen Konzepte wirtschaftlicher Bildung die Frage, welches Wissen welcher Wissenschaft relevant und geeignet ist, immer daran, was es zum jeweils zu bearbeitenden realen Bezugsproblem oder zum zu erschließenden realen Gegenstandsbereich beitragen kann (Kap. 5.1). Den lebenssituationsorientierten Ansatz kann man als eine Variante des Konzepts wirtschaftlicher Bildung auffassen, der die wirtschaftliche Wirklichkeit durch deren typische Lebenssituationen erschließen will (Kap. 5.2).

Die Grundidee einer dimensional oder situational definierten wirtschaftlichen Bildung prägt traditionsreiche Felder wie arbeitsorientierte Bildung, Verbraucherbildung, Berufs(wahl)orientierung oder Wirtschaftsbürgerbildung und die dort bildungsrelevanten wissenschaftlichen und praktischen Wissensbestände (vgl. z.B. Bönkost 1988; Feig-Mittag

Rolle und Situation

1988; Friedrich 1988; Decker 1970, 11-19). Nach Hermann May bezieht sich ökonomische Bildung auf Lebenssituationen in den „drei wirtschaftlichen Situationsfeldern" und Handlungsbereichen Konsum, Arbeit und Wirtschaftsgesellschaft (May 2001, 4). Alle diese Konzepte richten sich auf Strukturen, Situationen oder Rollen in einem Teilbereich der Wirtschaft.

5.1 Wirtschaft als Themenfeld: „Wirtschaftliche Bildung"

Man kann ökonomische Bildung ganz allgemein als das Erlernen und Entwickeln von „Sehen, Beurteilen, Handeln" (Wolfgang Hilligen) bezogen auf den Realitätsbereich Wirtschaft konzipieren. Den Erwerb des dafür nötigen Wissens, Denkens, Kennens, Könnens, Wollens und Wertens kann man als *wirtschaftliche Bildung* bezeichnen. Für wirtschaftsbezogenes Sehen, Beurteilen und Handeln sind Wissenschaftswissen, Alltagswissen, Berufs- und Institutionenwissen sowie Schul- und Vermittlungswissen bildungsrelevant und müssen miteinander verknüpft werden (vgl. Grammes 2009 und 1998, 64-93).

Wissensformen

5.1.1 Systemische und lebensweltliche Schlüsselprobleme der Wirtschaft

Ökonomische Bildung als wirtschaftliche Bildung bezieht ihr Selbstverständnis in erster Linie auf Wirtschaft, nicht auf Wirtschaftswissenschaft oder andere Wissenschaften, die aber selbstverständlich zur Aufklärung ihres Gegenstandsbereiches Wirtschaft beitragen. Wirtschaftliche Bildung definiert ihren Gegenstandsbereich also zunächst nicht disziplinär, sondern *dimensional* oder systemisch, in Abgrenzung zu anderen Wirklichkeitsbereichen oder Teilsystemen wie Wissenschaft, Erziehung, Politik, Sport oder Kunst.

Wirtschaft als Gegenstand

Unter *Wirtschaft* kann man alle Ressourcen, Einrichtungen und Aktivitäten der Produktion in einer Gesellschaft verstehen, die die Mitglieder der Gesellschaft dauerhaft mit als notwendig oder sinnvoll geltenden Sachgütern und Dienstleistungen versorgen, so die Gesellschaft erhalten und sicherstellen, dass sie ihre Produktion dauerhaft fortführen und auch ausweiten kann (materialer Wirtschaftsbegriff). Moderne Wirtschaften bilden sich als soziale Systeme heraus, deren spezifische Funktion die Erfüllung der Grundbedürfnisse und Wünsche von Menschen ist, indem sie Waren produzieren und handeln.

Wirtschaft gehört als eine gegenwärtig und zukünftig relevante Dimension zur individuellen und sozialen Lebenswelt der Kinder und Jugendlichen und wird so für die persönliche Bildung unmittelbar relevant. Wirtschaftsdidaktik muss dann „die didaktisch zentrale Frage" beantworten: „Inwiefern sind wissenschaftliche Erkenntnisse notwendig, um diese ‚Lebenswelt' durchschaubar, verstehbar und den sich entwickelnden Menschen in ihr urteilsfähig, kritikfähig, handlungsfähig werden zu lassen?" (Klafki 1996, 166). Man muss die Einzelwissenschaften also daraufhin prüfen, was sie zur Weltorientierung beitragen können (vgl. Kap. 3.3).

Welt und Lebenswelt

Weltaufklärung und Handlungsfähigkeit sind also zentrale Ziele und zugleich Relevanzkriterien wirtschaftlicher Bildung, die noch inhaltlich zu füllen sind. Wenn man die „nachhaltige Lebensqualität der Menschheit (…) zu einem zentralen Schlüsselbegriff sozialwissenschaftlicher Fachdidaktik" erklärt, brauchen Lernende das wissenschaftliche Wissen, das sie als Akteure in unterschiedlichen Kontexten benötigen, um diese Lebensqualität zu sichern und weiterzuentwickeln (Hippe 2010, 51). Die einschlägigen Fachwissenschaften dienen der Fachdidaktik also als Hilfswissenschaften. Zugleich verlangt das allgemeine Ziel „Nachhaltigkeit und Lebensqualität" eine kritische Perspektive auf die reale Wirtschaft. Man kann wirtschaftliche Bildung auch auf enger gefasste Zielsetzungen ausrichten, etwa auf ökonomische Effizienzsteigerung oder individuelle Autonomie.

Lebensqualität

Für das Konzept einer wirtschaftlichen Bildung skizziere ich im Folgenden exemplarisch die *Problemorientierung* als ein konstitutives Prinzip. Dabei verstehe ich Problemorientierung als allgemeine Methodologie der Wissenskonstruktion und nicht nur als methodisch-praktisches Lehr-Lern-Konzept (vgl. Hedtke 2010a).

Orientierung am Problem

Ein problemorientiertes Konzept wirtschaftlicher Bildung

muss klären, um welche Probleme es gehen soll. Wenn man die Wirtschaft als spezifisches gesellschaftliches Funktionssystem und Teil der Lebenswelt der Bildungssubjekte sieht, muss man typische und relevante kollektive Schlüsselprobleme *und* individuelle Lebensprobleme identifizieren. Wirtschaftliche Bildung konzentriert sich dann auf die Probleme, die in der und durch die Wirtschaft die nachhaltige Lebensqualität besonders stark gefährden oder beeinträchtigen (vgl. Kap. 5.2.1). Handlungsfähigkeit bedeutet, diese Probleme bearbeiten und das eigene sowie das gemeinsame Leben samt seinen Rahmenbedingungen gestalten zu können.

In einer *gestaltungsorientierten* Perspektive auf Wirtschaft kann man die Sicherung von Wohlstand und Gerechtigkeit, ökologischer Nachhaltigkeit, sozioökonomischer und soziokultureller Integration sowie Armut in Entwicklungsländern zu den kollektiven Schlüsselproblemen zählen, die für eine wirtschaftliche Bildung relevant sind (Hippe 2010, 59 f.).

Gestaltung und Lebensführung

In einer *selbstbestimmten* Perspektive gehören private soziale Beziehungen, Konsum- und Finanzkompetenz sowie Berufs- und Erwerbskompetenz zu den zentralen Herausforderungen der persönlichen Lebensführung (ebd., 53 f.).

5.1.2 Wirtschaftliche Bildung und wissenschaftliches Wissen

Wo kann eine problemorientierte wirtschaftliche Bildung einschlägiges wissenschaftliches Wissen erwarten? Für *kollektive* wirtschaftliche Phänomene und Probleme kommen zunächst alle Sozialwissenschaften infrage: Volkswirtschaftslehre, z.T. auch Betriebswirtschaftslehre, Marketingwissenschaft und Konsumforschung, Soziologie – insbesondere Arbeits-, Wirtschafts- und Organisationssoziologie –, Politikwissenschaft und Geschichtswissenschaft (vgl. Abbildung 15).

Individuelle Probleme

Für *individuelle* Phänomene und Probleme treten Individualwissenschaften wie z.B. die Psychologie, Kognitionswissenschaften und Teile der Betriebswirtschaftslehre sowie das Alltagswissen und das Berufswissen der Akteure hinzu. Auch die Rechtswissenschaft ist eine für die wirtschaftliche Bildung einschlägige Disziplin.

Abbildung 15:
Die Wissenschaftsorientierung der wirtschaftlichen Bildung

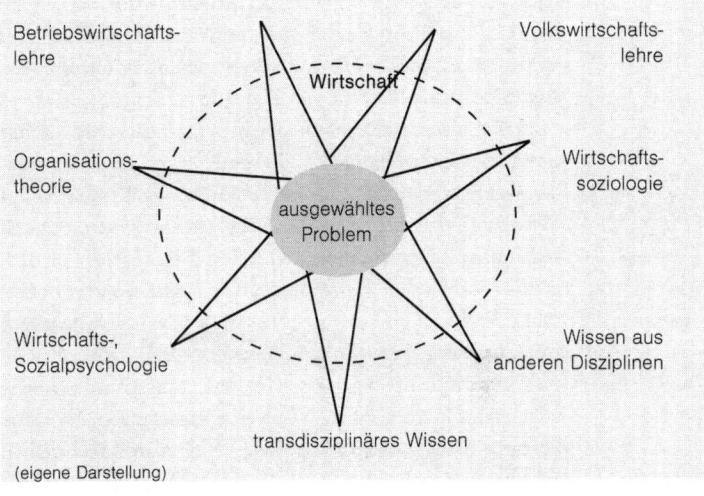

(eigene Darstellung)

Keine Disziplin genießt eine prinzipielle Vorrangstellung. Disziplinäres Wissen ist für den problemorientierten Ansatz nur dann bildungsrelevant, wenn es wichtige Perspektiven, Ergebnisse und Empfehlungen für die Bearbeitung der ausgewählten Lebens- oder Schlüsselprobleme im Bereich Wirtschaft bietet. Natürlich wirkt wissenschaftliches Wissen auch auf die Probleme der Wirklichkeit zurück. Es formuliert sie möglicherweise abweichend oder ganz neu und irritiert so lebensweltliche Zugangsweisen, etwa wenn man die Frage der Familiengründung als Frage nach den Alternativkosten von Kindern stellt (vgl. Becker/Becker 1998).

Wissen und Wirklichkeit

Die unterschiedlichen Wissensformen stehen in unauflöslichen Wechselbeziehungen zueinander (Grammes 2009). So sickert etwa Wissenschaftswissen in Berufswissen und lebensweltliches Alltagswissen ein. Beispiele für wirtschaftswissenschaftliches Wissen sind etwa Trivialitäten wie „Angebot und Nachfrage bestimmen den Preis" oder die kluge Antizipation inflationärer Folgen von Politiken durch Privatanlegerinnen. Umgekehrt gründet Wissenschaftswissen im

Alltagswissen sowie im Berufs- und Institutionenwissen. So hat z.B. Léon Walras seine bis heute einflussreiche Markttheorie nach Vorbildern aus der Wirtschaftspraxis, insbesondere der Pariser Börse, modelliert. Für den privaten Immobilienkauf aufbereitete Modelle der Investitionsrechnung beeinflussen das individuelle Denken und Handeln.

Das Konzept wirtschaftlicher Bildung bearbeitet die bildungsrelevanten Themen und Probleme vor allem mit sozialwissenschaftlichem Wissen. Dimensional fokussiert es auf Wirtschaft, wissenschaftlich auf Sozialwissenschaften. Faktisch beschränken auch Ökonomen ihre Forschungen mehrheitlich auf Phänomene und Probleme aus dem Realitätsbereich Wirtschaft und kombinieren so einen wissenschaftlich-formalen mit einem gegenstandsorientierten Zugriff.

Sozialwissenschaftliches Wissen

Wirtschaft ist in wirtschaftlichen Institutionen wie Märkten, Unternehmen, Netzwerken, Verträgen, kollektiv geteilten Vorstellungen, kognitiven Modellen, industriellen Beziehungen oder Ordnungen verfasst. Damit ist der Wirtschaftsbegriff der wirtschaftlichen Bildung konstruktivistisch und anschlussfähig an den sozialwissenschaftlichen Institutionalismus, darunter auch die Neue Institutionenökonomik.

Erleben der Wirtschaft

Wirtschaft ist (auch) Lebenswelt. Deshalb muss sich ein wirtschaftsdidaktisches Konzept mit wirtschaftlichen Phänomenen, ihrem subjektiven und kollektiven Erleben, Modellieren, Interpretieren und Sinngeben auseinandersetzen. Diese sind aber kein Thema der Wirtschaftswissenschaften. Man braucht elementare sozialkonstruktivistische, phänomenologische oder sozialpsychologische Denkfiguren, um diese lebensweltlichen Aspekte von Wirtschaft und ihre populären mentalen Modelle zu verstehen. Umgekehrt sieht man mit sozialwissenschaftlichen Zugangsweisen Phänomene und Probleme der Wirtschaft anders als im unmittelbaren Lebenswelterleben, sodass man dieses differenzieren, revidieren und neu interpretieren lernt.

Das Konzept einer problemorientierten wirtschaftlichen Bildung passt im Übrigen gut zu den Denkweisen der sozialwissenschaftlich orientierten, pluralistischen Betriebswirtschaftslehre, der Marketingwissenschaft, der multidisziplinären

Konsumentenforschung und der Personalwirtschaftslehre sowie zu auch gegenstands- und problemorientierten Konzeptionen der Wirtschaftspsychologie und der Sozialpsychologie.

Die Relevanz dieser vielfältigen Wissensformen in der wirtschaftlichen Bildung ist noch zu klären. Soll man die Vermittlung pragmatischen Wissens zur Aufgabe der allgemeinbildenden Schulen machen (Handlungsorientierung in der Wirtschaftswelt)? Geht es also vorrangig um Alltags- und Berufswissen, Wissen für Akteure in der Wirtschaft, also für Berufswählerinnen, Familiengründerinnen, Unternehmerinnen, Arbeitnehmerinnen, Steuerzahlerinnen oder Konsumentinnen? Oder können das andere Einrichtungen besser, z.B. Familie, Peergroup, Medien, Berufsschulen, Volkshochschulen, Verbraucherberatung, Gewerkschaften oder Sparkassen? Warum und wozu sollen allgemein bildende Schulen lebenspraktisch wichtiges wirtschaftliches Wissen vermitteln? Die Antwort liegt keineswegs auf der Hand.

Pragmatisches Wissen

5.1.3 Lernen als Verknüpfung von Alltagswissen und Wissenschaftswissen

Wirtschaftliche Bildung bezieht sich mehrdimensional auf Wirtschaft als Sozialsystem und als Lebenswelt(en). Die Lebenswelten der Lernenden treten gleichberechtigt neben die Systemwelten und kommen im Unterricht in Form subjektiver, erlebter oder gehörter Erlebnisse zur Sprache. Wirtschaftliche Bildung organisiert deshalb zum einen die Erfahrungen der Lernenden als eine wesentliche Wissensquelle, arbeitet ihre systemischen wirtschaftlichen Hintergründe heraus und stellt so strukturierte Zusammenhänge zwischen Lebenswelten und Systemwelten her.

Leben und System

Zum anderen irritiert wirtschaftliche Bildung die Lebenswelterfahrungen der Lernenden mit wissenschaftlichem Systemwissen und entwickelt so ihre subjektiven Interpretationen weiter, ohne ihre alltäglichen mentalen Modelle zu diffamieren. Zugleich schöpfen die wirtschaftlichen Akteure aus lebensweltlichem Wissen, um ihre Situationen und Probleme zu bewältigen. Der Grundgedanke ist also die Relationierung von unterschiedlichen Wissensformen für den

Realitätsbereich Wirtschaft, nicht die Vermittlung scheinbar überlegenen (wirtschafts)wissenschaftlichen Wissens (vgl. Grammes 1998, 57-108).

So bearbeitet problemorientierte wirtschaftliche Bildung mit pluralem, lebensweltlichem und multidisziplinärem Wissen wirtschaftliche Schlüsselprobleme der Gesellschaft und wirtschaftliche Lebensprobleme der Lernenden (vgl. Hedtke 2010a und 2010b). Die Unterrichtsstruktur entspricht der *Problemstruktur* und greift Wissensbestände dann auf, wenn sie etwas zur Lösung des Problems beitragen können. Man kann auch einzelne wissenschaftliche Denkweisen und Methoden systematisch einem bestimmten Problem zuordnen, an dem die Lernenden diese exemplarisch und vertiefend erwerben und anwenden. So mögen von den relevanten volkswirtschaftlichen Zugriffen etwa Opportunismus/Dilemmata, Externalitäten/Internalisierung, Aggregation/Nebenfolgen und Welthandel/Entwicklung besonders gut zum Schlüsselproblem der Nachhaltigkeit passen.

Probleme von Subjekt und Gesellschaft

Im grundsätzlich problemorientierten Curriculum kann man einzelne systematische *Lehrgänge* platzieren. Man muss fachdidaktisch prüfen, ob Lehrgangsstrukturen in bestimmten Inhaltsfeldern wie etwa makroökonomische Zusammenhänge grundsätzlich überlegene Lernformen sind, die dann mit Inseln problemorientierter Anwendung wechseln. Zum Schlüsselproblem Nachhaltigkeit könnte das z.B. für Kapitalismustheorie, Umweltökonomik oder Außenhandel/Weltwirtschaft der Fall sein.

Wirtschaftliche Bildung setzt Systemwelt und Lebenswelt, Wissenschaftswissen und Alltagswissen in ein nicht-hierarchisches Verhältnis. Zum Beispiel steht die meist problematische wirtschaftliche Lebenssituation Berufswahl für die Lernenden in ganz unterschiedlichen Sinnzusammenhängen wie Familientradition/Erbfolge, Tätigsein/Mitgliedschaft, Berufung/Verantwortung, Spaß/Selbstverwirklichung, Aufstieg/Prestige sowie auch Lebenseinkommen/Investitionskalkül. Eine Eigentumswohnung kann für Sinnkontexte wie Lebensstil/Konsumstil, Autonomie/Prestige, Sparen/Finanzieren oder Investieren/Renditeorientierung stehen.

Wissen kombinieren

Im Unterricht lernt man an diesen oder anderen Beispielen, dass Situationen, Probleme und Institutionen erst dadurch zu „wirtschaftlichen" werden, dass sie kollektiv oder individuell, habituell oder intendiert als solche betrachtet, definiert, interpretiert, vereinbart oder konstruiert werden (konstruktivistischer Ansatz wirtschaftlicher Bildung). So erkennen die Lernenden die Selektivität einer „rein ökonomischen" Perspektive auf die Wirtschaft. Die Praxis der wirtschaftlichen Bildung lässt deshalb unterschiedliche Sinngebungen zur Sprache kommen, die man in einer subjektorientierten Lernkultur wechselseitig versteht und respektiert. Was sinnvolle Lebensführung im Realitätsbereich Wirtschaft jeweils bedeuten soll, müssen die Subjekte (vgl. Pleiß 1994, 66), die Gruppen, Gemeinschaften, Organisationen und Institutionen entscheiden. Wirtschaftliche Bildung kann die Subjekte dabei unterstützen, wenn sie das Sinnverstehen und das Verstehen unterschiedlicher Sinngebungen mit Blick auf die Systemwelt und die Lebenswelt an Situationen und Problemen übt.

Subjektiver Sinn

5.1.4 Kritik der wirtschaftlichen Bildung

Das Konzept wirtschaftlicher Bildung, das die Identität ökonomischer Bildung in Bezug auf den Realitätsbereich Wirtschaft als System- und Lebenswelt sieht, steht in einer langen wirtschaftsdidaktischen, curricularen und unterrichtspraktischen Tradition, auch außerhalb Deutschlands. Die Grundidee, dass sich wirtschaftliche Bildung auf Wirtschaft beziehe, erfreut sich in der allgemeinen Öffentlichkeit und in der Bildungspolitik traditionell einer hohen Akzeptanz; das gilt nicht in gleichem Maße für ein konstruktivistisches Selbstverständnis. Wirtschaftliche Bildung kombiniert lebensweltliches, problemorientiertes und subjektzentriertes Lernen mit multidisziplinärem und wissenschaftsorientiertem Lernen (Relationierung der Wissensformen). Dabei bleibt sie bezugsdisziplinär und paradigmatisch offen und ermöglicht so eine systematische, auf das jeweilige Problem zugeschnittene Kooperation unter den sozialwissenschaftlichen und kulturwissenschaftlichen Fächern. Genau das kann man als Konturlosigkeit und Beliebigkeit kritisieren.

Bildung für die Wirtschaft

Das Konzept wirtschaftlicher Bildung passt gut zum Ansatz Qualifizierung für Lebenssituationen und lässt sich auch mit dem kategorialen Ansatz ökonomischer Bildung kombinieren, indem man die fachlichen Kernkategorien am Realitätsbereich Wirtschaft erlernt und auf ihn anwendet (vgl. Kap. 3 und 5.2). Seine Stärke liegt darin, dass es auch die Lebensweltdimensionen der Wirtschaft ernst nimmt und systematisch aufgreift.

Wirtschaft als Lebenswelt

Eine große und gravierende Schwäche dieses Ansatzes ist sein konzeptioneller Zustand: Theoretisch und empirisch muss es erst noch ausgearbeitet werden, obwohl es praktisch schon so lange Anwendung findet.

Der Vorwurf, dieses Konzept könne seinen Gegenstandsbereich oder seine Domäne nicht trennscharf abgrenzen, trifft zu. Aber es teilt diese „Schwäche" mit allen anderen wirtschaftsdidaktischen Konzepten und deren Bezugsdisziplinen, mit allen Sozial- und Kulturwissenschaften sowie mit allen Schulfächern.

Das Konzept einer wirtschaftlichen Bildung stößt bei der Mehrheit der Wirtschaftsdidaktiker heute auf Ablehnung. Dort dominieren szientistische Ansätze, die die Identität ökonomischer Bildung aus ihrer Bezugswissenschaft ableiten, vor allem aus der Volkswirtschaftslehre, oder die auf die Vermittlung eines einzigen wissenschaftlichen Paradigmas setzen (vgl. Kap. 3 und 4). Aber wie die wirtschaftliche Bildung beziehen sich auch diese Ansätze faktisch im Wesentlichen auf den Realitätsbereich Wirtschaft.

Identität durch Disziplin

Der Hauptunterschied liegt also im Startpunkt und in der Systematik: Die einen beginnen mit einer wirtschaftsdidaktischen Rekonstruktion der Wirtschaftswissenschaft und übernehmen deren disziplinäre Systematik, die anderen starten mit einer fachdidaktischen Rekonstruktion des Realitätsbereichs Wirtschaft und folgen seinen typischen Problemlagen. Die einen suchen nach realen Anwendungen, in denen ihr theoretisches Wissen seine Überlegenheit zeigen kann, die anderen suchen nach Wissen, das ihre realen Probleme deuten, analysieren und lösen hilft.

5.1.5 Didaktischer Kompass und Leseempfehlung

Abbildung 16: Kompass „Wirtschaftliche Bildung"

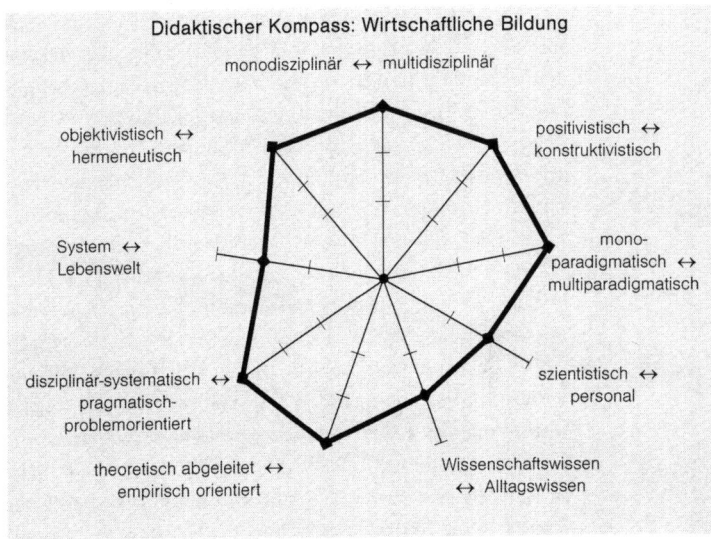

(eigene Darstellung)

Leseempfehlung zur wirtschaftlichen Bildung:

Grammes, Tilman 1998: Kommunikative Fachdidaktik. Politik. Geschichte. Recht. Wirtschaft. Opladen. Dort: Lernfeld Wirtschaft, 1. Kommunikative Wirtschaftsdidaktik, 2. Propädeutik ökonomischen Wissens, 541-605.

Schiller, Günter 2001: Didaktik der Ökonomie. Grundbildung der Ökonomie für Ausbildung und Unterrichtspraxis. Dort: Ziele der ökonomischen Bildung, 50-71.

5.2 Bewältigung von Situationen: „Lebenssituationsorientierte Bildung"

Kategoriale und paradigmatische Konzepte ökonomischer Bildung sind szientistische Ansätze, weil sie ihre Identität aus dem Bezug auf eine oder mehrere Fachwissenschaften ableiten (vgl. Kap. 3.2 und 4.2). Situations- und gestaltungsorientierte Konzepte dagegen verstehen sich als subjektbezogene Ansätze, die (fach-)wissenschaftlichem Wissen nur eine dienende Funktion dafür zusprechen, dass die Lernenden die Lebenssituationen, mit denen sie sich typischerweise konfrontiert sehen, besser bewältigen und gestalten können.

Die Leitfrage einer lebenssituationsorientierten ökonomischen Bildung lautet: „Was kann aus dem Erkenntnisbereich der Ökonomie abgerufen werden, um grundlegende Befähigungen zur selbstbestimmten und verantwortungsbewussten Gestaltung des Lebens in der Gesellschaft zu bewirken?" (Steinmann 2008, 209). Dieses Konzept folgt einem fachdidaktischen Dreischritt aus Analyse der Lebenssituationen, Bestimmung notwendiger Qualifikationen und Auswahl dafür geeigneter Curriculumelemente, bevorzugt aus den Wirtschaftswissenschaften. Das Relevanzkriterium kehrt sich also um: Gelehrt und gelernt wird nicht das, was für die Fachwissenschaft typisch und wichtig ist, sondern das aus der Fachwissenschaft, was in typischen Lebenssituationen der Lernenden wichtig ist. Dazu gehören auch politische Situationen der Gestaltung von Gesellschaft.

Situation und Qualifikation

Das ähnlich argumentierende gestaltungsorientierte Konzept fokussiert auf Lebensqualität. Ihm geht es darum, „die lernenden Individuen unter Rückgriff auf sozialwissenschaftliche Erkenntnisse so weit wie möglich zur Erkenntnis, Wahrnehmung und Verteidigung eigener und fremder verallgemeinerungsfähiger Interessen im sozialen Raum zu befähigen" (Hippe 2010, 50). Da es sich als dezidiert sozialwissenschaftliches Konzept versteht, wird es erst im nächsten Kapitel behandelt (Kap. 6).

Erkenntnis für Interessen

5.2.1 Das lebenssituationsorientierte Konzept ökonomischer Bildung

Bodo Steinmann und Dietmar Ochs haben in den 1970er Jahren ein Konzept zur Qualifizierung für ökonomisch geprägte Lebenssituationen entwickelt, das Steinmann später weiter ausgearbeitet hat (Steinmann 1997, 2008). Es wurde und wird in der Wirtschaftsdidaktik breit rezipiert. Die Maxime der Lebenssituationsorientierung greifen Dietmar Kahsnitz (2005) im Konzept sozioökonomischer Bildung und Michael-Burkhard Piorkowsky in der alltags- und lebensökonomischen Bildung (Piorkowsky 2008, 2009) an zentraler Stelle auf. Auch das Konzept sozialwissenschaftlicher Bildung von Thorsten Hippe (2010), das auf Gestaltung und Lebensqualität fokussiert, umfasst Grundelemente des Lebenssituationsansatzes. Die meisten der übrigen Konzepte verkürzen die Lebenssituationsorientierung auf ein methodisch-motivationstechnisches Prinzip.

Motivierende Situationen

Abbildung 17: Fachdidaktische Anforderungen an lebenssituationsorientierte ökonomische Analysen

1. Analysegegenstand
Für Bedürfnisse oder Gefährdungen besonders relevante Lebenssituationen und Entwicklungen

2. Zielbestimmung
Mündige Gestaltung dieser Situationen und Entwicklungen durch die Lernenden

3. Lageanalyse
Gegebenheiten und problematische Ausprägungen im Hinblick auf mündige Gestaltung einer Lebenssituation

4. Ursachenanalyse
Ursachen der gegenwärtigen Lage in einer Lebenssituation

5. Maßnahmenanalyse
Gestaltungsmöglichkeiten in der Lebenssituation, Beurteilung nach dem Maßstab der Mündigkeit

6. Umsetzungsanbahnung
Verbindung von Lernen für und Leben in der Situation durch Vorbereitung der Umsetzung des Gelernten in Entscheidungen und Handlungen

7. ggf.: Analyse der neuen Lage (vgl. 1.) usw.

(eigene Darstellung in Anlehnung an Steinmann 2008)

Steinmanns Konzept zielt auf Mündigkeit sowie individuelle Gestaltung wirtschaftlich geprägter Lebenssituationen und soll die Lernenden dabei unterstützen, indem es Kompetenzentwicklung, Verantwortungsübernahme, Partizipation und Emanzipation fördert sowie darüber hinaus gesellschaftliche Strukturen und soziale Beziehungen verbessern hilft. Die individualistischen Ziele dieser ökonomischen Bildung werden durch das gesellschaftliche Ziel der Schaffung einer lebenswerten Gesellschaft ergänzt.

Das Konzept sieht sein Bildungsziel in „der individuellen Entfaltung, Gestaltung toleranzbestimmter sozialer Beziehungen und Schaffung einer lebenswerten Gesellschaft" (Steinmann 2008, 210). Dabei beschränkt es sich nicht auf Kompetenzsteigerung im Status quo der real existierenden Verhältnisse. Vielmehr will es ausdrücklich die Emanzipation fördern, indem es dafür qualifiziert, diese Verhältnisse ändern zu können, wenn dies dazu dient, Behinderungen und Gefährdungen von Bedürfnisbefriedigung und Entfaltung, Kooperation und Solidarität sowie Mitwirkung und Teilhabe zu beseitigen. In seiner Grundidee und seinen Intentionen lehnt sich das situationsorientierte Konzept stark an die Didaktik Wolfgang Klafkis an (vgl. Kap. 3.3).

Lebenswerte Gesellschaft

Lebenssituationen definiert Steinmann als sich wiederholende, typische Beziehungen zwischen Menschen, die von Entscheidungssystemen, Normen, Traditionen und Organisationen beeinflusst und damit immer gesellschaftlich eingebettet und geprägt sind. Wenn wirtschaftswissenschaftliches Wissen hilft, diese Situationen zu bewältigen, nennt er sie ökonomisch geprägte Lebenssituationen. Dabei handelt es sich vor allem um Lebenssituationen im Kontext von Einkommens- und Güterentstehung und Verteilung (vgl. Abbildung 19).

Ökonomische Situationen

Das lebenssituationsorientierte Konzept identifiziert die bildungsrelevanten Lebenssituationen im Hinblick auf die Subjekte und die Bezugsdisziplin. Es wählt diejenigen Situationen aus, „in denen sich die Lernenden befinden und in denen ökonomische Sachverhalte bedeutsam sind" (Steinmann 2008, 209; vgl. Abbildung 18). Nur die ökonomisch geprägten Lebenssituationen kommen als bildungsrelevant in Betracht, die für das Leben der Lernenden bedeutsam sind. Besonders wichtig sind ihm die Situationen, die in besonderer Weise zur Lebensbewältigung und Bedürfnisbefriedigung beitragen, in denen die Bedürfnisse besonders gefährdet sind oder die besondere Möglichkeiten der Einflussnahme bieten.

Gefährdete Bedürfnisse

Abbildung 18:
Bezugsrahmen situationsorientierter ökonomischer Bildung

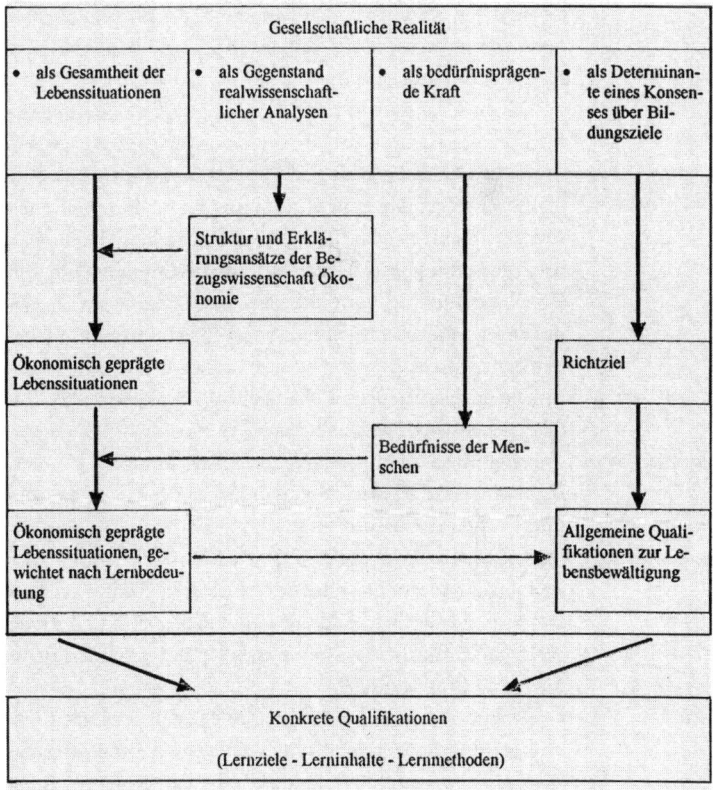

(aus: Steinmann 1997, 5)

Steinmann versteht die allgemeinen Erkenntnisobjekte Einkommensentstehung (Produktion, Arbeit) und Einkommensverwendung (Güter, Sparen, Investition) der Wirtschaftswissenschaften zugleich als umfassende Lebensbereiche. Diese ökonomischen Lebensbereiche formt er in ökonomisch geprägte Lebenssituationen um, indem er sie ausdifferenziert (Steinmann 1997, 2 f.). So entfaltet er den Lebensbereich Einkommensentstehung in die typischen Lebenssituationen Berufswahl, Berufsbildung und Berufswechsel, Stellung im Unternehmen und am Arbeitsplatz, Arbeitseinkommen sowie Sozialeinkommen. Für den Bereich Einkommensverwendung ergeben sich die typischen Situationen Kauf, Freizeit, Sparen/ /Versichern/Vorsorgen/Vermögensbildung, Steuerzahlung/ Nutzung öffentlicher Güter (ebd., 7).

Lebensbereiche

Neben den Lebenssituationen stehen auch ökonomische Entwicklungen im Mittelpunkt des Konzepts. Aus vielen Einzelentscheidungen in den Lebenssituationen resultieren ökonomisch geprägte Entwicklungen, die auf die Situationen zurückwirken und damit wieder die Einzelentscheidungen beeinflussen (Mikro-Makro-Mikro-Zusammenhang); ein Beispiel dafür sind Umweltbelastungen. Hier geht es auch um den Grundzusammenhang von Wirtschaftsordnung und Wirtschaftsprozess sowie die mikro-, meso- und makroökonomische Analyseperspektive. Deshalb soll die ökonomische Bildung neben den relevanten Lebenssituationen auch mindestens vier relevante ökonomisch geprägte Entwicklungen gesondert thematisieren: die Entwicklung zur sozialen, ökologischen und internationalen Gesellschaft sowie zur Wohlstandsgesellschaft (ebd., 6 f.). Welche Entwicklungen relevant sind, kann sich im Zeitablauf ändern. Das situationsorientierte Konzept richtet sich also auf die Befriedigung individueller und kollektiver Bedürfnisse angesichts ökonomisch geprägter Lebenssituationen und Entwicklungen.

Ökonomische Entwicklungen

Da alle relevanten Lebenssituationen auch gesellschaftlich und politisch geprägt sind, will Steinmann die ökonomische Bildung in eine interdisziplinäre Gesellschaftslehre einbetten. Ein rein ökonomisch-fachspezifisches Konzept allein sei unzulänglich (Steinmann 1997, 16). Häufig gefährde eine herkömmliche, rein ökonomische Orientierung Bedürfnisse wie Arbeitsfreude, Selbstorganisation, Ruhe, Gesundheit (ebd., 17). Deshalb fordert er, „die ökonomische Bildung zu einer umfassenden Gesellschaftslehre auszugestalten" und dazu vor allem auf Politikwissenschaft, Soziologie, Geschichte sowie Wirtschafts- und Sozialgeografie zurückzugreifen (ebd., 20). Die ökonomische Bildung kann – so Steinmann in Anlehnung an das Curriculumkonzept Robinsohns – „jederzeit in ein auf die Gesellschaft als Ganzes bezogenes Curriculum" integriert werden (Steinmann 2008, 211). Dieser Curriculumprozess erfordere Kooperation und Integration der Disziplinen und dafür sei der Lebenssituationen-Qualifikationen-Ansatz ein geeignetes Instrument.

Gesellschaftliche Bildung

5.2.2 Wissen für ökonomisch geprägte Lebenssituationen

Anders als in den deduktiven und monodisziplinären Konzepten kategorialer und paradigmatischer Bildung reicht dem situationsorientierten Ansatz der alleinige Bezug auf die Wirtschaftswissenschaften nicht aus, um die Lebenssituationen und ihre Anforderungen an die Lernenden zu analysieren (Ochs/Steinmann 1994, 36-38, 42 f.). Dazu seien vielmehr auch sozialpsychologisches, sozialisationstheoretisches, verhaltenswissenschaftliches, soziologisches, politikwissenschaftliches, rechtswissenschaftliches und geschichtswissenschaftliches Wissen sowie Erkenntnisse der empirischen Sozialforschung nötig (vgl. Piorkowsky 2009, 56). Darüber hinaus müsse man alternative Konzeptionen von Wirtschaft, primär an den Interessen von Arbeitnehmern und Verbrauchern orientierte Ansätze sowie gesamtgesellschaftliche Theorien des politisch-ökonomischen Wandels einbeziehen.

Beschäftigte und Konsumenten

Das situationsorientierte Konzept grenzt sich vom wirtschaftsdidaktischen Mainstream auch dadurch ab, dass es zentrale Problemstellungen und Wissensbestände anders gewichtet. Die ökonomischen Grundprobleme der Existenzsicherung und Güterversorgung blieben zwar weiterhin relevant, zugleich erlange aber das Interesse an sozialer und individueller Entfaltung, souveräner Gestaltung und selbstbestimmter Partizipation eine immer größere Lebens- und Lernbedeutung (Ochs/Steinmann 1994, 40). Zwar sei funktionale Kompetenzsteigerung weiterhin wichtig, man müsse

Entfaltung und Gestaltung

Abbildung 19:
Gewichtung von Lebenssituationen nach ihrer Lernbedeutung

Lebenssituationen (Entscheidung über ... / Stellung in ...)	Bedeutung für die Bedürfnisbefriedigung		beschränkte Bedürfnisrealisierung	persönlicher Spielraum (entscheiden, handeln)
	Existenz-, Sicherheitsbedürfnisse	Sozial-, Persönlichkeitsbedürfnisse		
Berufswahl, Berufswechsel	↑	↑	↑	↑
Unternehmen, Betrieb	→	↑	↑	→
Lohnbildung	→	betrieblich: ↑ kollektiv: ⇩	⇩	→
Reallohnentwicklung	↑	→	↑	⇩
Einkommens- und Vermögensgefüge	⇩	→	⇩	→
Kauf von Konsumgütern	→	↑	↑	↑
Freizeit	⇩	→	→	↑
Anlegen, Versichern	→	⇩	⇩	
Steuerzahlung, öffentliche Güter	↑		↑	⇩
Güterversorgung	→	→	→	⇩

↑ vorrangige, → mittelmäßige, ⇩ nachrangige Lernbedeutung

(verändert nach Ochs/Steinmann 1994, 39)

Emanzipation des Subjekts

sie aber mit Emanzipationsförderung verbinden, weil Lernen sonst in der bloßen Anpassung an Vorgefundenes verharre. Emanzipation bedeute „Unabhängigkeit von den Instanzen, die bestimmen, welches Wissen, Werten und Können gesellschaftlich nützlich ist" (ebd., 41); Dieser subjektbezogene Anspruch des situationsorientierten Konzeptes unterscheidet es von den didaktischen Ansätzen, die bildungsrelevantes Wissen vorwiegend deduktiv aus den Fachwissenschaften gewinnen.

„Im Ergebnis sind daher komplexe Lebenssituationen nur im Zusammenwirken der verschiedenen Wissenschaften erklärbar, so dass Didaktik zwangsläufig fächerübergreifend angelegt sein muss" (Ochs/Steinmann 1994, 43). Insgesamt bewerten situationale Konzepte *nur* wirtschaftswissenschaftlich fundierte Definitionen von ökonomischen Lebenssituationen und dafür geeigneten Qualifikationen als völlig unangemessen.

Während die paradigmatischen Konzepte vor allem objektive, invariante Kategorien und zeitlos – oder zumindest für eine Epoche unverändert – gültige Denkschemata lehren wollen, betonen situationsorientierte Konzepte Objektivität *und* Subjektivität, Kontinuität *und* Wandel der Lebenssituationen und ihrer Herausforderungen (vgl. Abbildung 19). So legitimiert sich beispielsweise das Konzept der „Alltags- und Lebensökonomie", das ausdrücklich an Steinmanns Konzept der Qualifizierung für Lebenssituationen anknüpft, unter anderem damit, dass die Menschen bei der Gestaltung ihrer Lebensverhältnisse heute vor neuen Herausforderungen stehen, z.B. weil sie zur privaten Alterssicherung gezwungen sind oder mit unberechenbaren und prekären Erwerbsbiografien umgehen lernen müssen (Piorkowsky 2009, 55; vgl. Abbildung 19).

Subjektivität und Wandel

5.2.3 Lernen als Qualifizierung für Lebenssituationen

Der Maxime der Lebenssituationsorientierung folgende Konzepte wählen Inhalte, Themen und Kompetenzen danach aus, was sie für die individuelle oder kollektive Bewältigung von als ökonomisch definierten Lebenssituationen beitragen können. Wie beim allgemeinen Prinzip der Problemorientierung hat auch im Lebenssituationsansatz wissenschaftliches Wissen keinen Selbstwert, seine Relevanz wird theoretisch und empirisch an seiner Nützlichkeit für das reale Leben gemessen, sei es für die allgemeine Orientierung in der Welt oder für den konkreten Erfolg bei der Bewältigung von typischen praktischen Herausforderungen.

Nützlich für das Leben

Dennoch sehen Vertreter einer situationsorientierten ökonomischen Bildung aus zwei Gründen keinen Widerspruch zwischen den didaktischen Prinzipien der Situationsorientierung und der Wissenschaftsorientierung. Zum einen identifizierten und erschlössen sie die jeweils bildungsrelevanten Situationen durch multidisziplinäre wissenschaftliche Analysen, zum anderen sei das für ihre Bewältigung ausgewählte bildungsrelevante Wissen in erster Linie wissenschaftliches Wissen.

Situationale ökonomische Bildung stellt spezifische Anforderungen an den Lernprozess und seine Methoden (Steinmann 1997, 13-16). Wer für Lebenssituationen qualifizieren will, sollte möglichst oft auf Lernformen zurückgreifen, die Handeln in der ökonomischen Realität selbst ermöglichen oder simulieren (Steinmann 2008, 211). Ökonomische Bildung bereite vorwiegend auf erst zukünftig relevante Lebenssituationen vor oder behandele nicht unmittelbar erfahrbare gesamtwirtschaftliche Entwicklungen. Deshalb seien Lernmethoden besonders wichtig, die es erlauben, diese Situationen zu antizipieren, und die Selbsttätigkeit, Kommunikation und Kooperation dauerhaft fördern.

Handelnd lernen

Als die Selbsttätigkeit fördernde Elemente schlägt Steinmann folgende Aktivitäten der Lernenden vor (Steinmann 1997, 13): Lernschrittplanung, Problemlösung, Erkenntnisumsetzung und -erprobung in eigenverantwortlichen Entscheidungen und Handlungen, Lernergebnisdokumentation in Produkten. Kommunikations- und Kooperationsfähigkeit würden gefördert durch Diskussion, Verhandlung, Interessenvertretung, Mitarbeit bei der Willensbildung von Gruppen sowie durch kollektive Handlungen.

Eine inhaltlich und methodisch besondere Bedeutung für den lebenssituationsorientierten Unterricht nach Steinmann haben – neben der Wissenschaftsorientierung – die didaktischen Prinzipien der Handlungsorientierung, Problemorientierung, Aktualität und Exemplarität, Erfahrungsorientierung und (individuelle und gesamtwirtschaftliche) Betroffenheit sowie Wertorientierung. Wertorientierung meint, dass ökonomische Lernprozesse zur Mündigkeit beitragen, auf individuelle Entfaltung und Gestaltung toleranzbestimmter gesellschaftlicher Beziehungen zielen sowie zur Mitwirkung an der Schaffung einer lebenswerten Gesellschaft motivieren sollen (Steinmann 1994, 9, 14). Deshalb dürfe Lebenssituati-

Didaktische Prinzipien

onsorientierung im Unterricht nie individualistisch verkürzt werden, sondern müsse immer auch eine strukturelle Veränderung der Sozialstrukturen mitdenken. Lebenssituationsorientierte ökonomische Bildung ist deshalb immer auch politische Bildung.

Ökonomische ist politische Bildung

5.2.4 Kritik der lebenssituationsorientierten Bildung

Als Prinzip spielt die Orientierung an Lebenssituationen seit Jahrzehnten in Theorien, Regelungen, Materialien und Praktiken politischer und ökonomischer Bildung eine wichtige Rolle. Für situationsorientierte Ansätze in der Politikdidaktik stehen z.B. Ernst-August Roloff (1972) mit Fokus auf Entscheiden und Rolf Schmiederer (1977) mit Blick auf Schülerorientierung; Wolfgang Hilligen (1985, 205-207) sieht in problemhaltigen Situationen eine wichtige Lernmethode. Es ist das besondere Verdienst von Bodo Steinmann und Dietmar Ochs, die Lebenssituationsorientierung zu einem Konzept für die ökonomische Bildung ausgearbeitet zu haben.

Ihr multidisziplinäres, auf eine gesellschaftliche Bildung zielendes Konzept steht im Konflikt mit den fachpolitischen Bemühungen der kategorialen und paradigmatischen Konzepte, die Einzigartigkeit ökonomischer Bildung nachzuweisen und sie scharf von anderen Fächern abzugrenzen. Der dezidiert auf Didaktik setzende situationsorientierte Ansatz passt nicht zum harten Szientismus, mit dem die Mehrheit der Wirtschaftsdidaktiker den „Logiken" der Volkswirtschaftslehre folgt. Nicht zuletzt präsentiert sich der situationale Ansatz bescheiden als „*ein* mögliches" Konzept neben anderen, was ihn wohltuend vom Absolutheitsanspruch paradigmatischer Ansätze unterscheidet. Dies sind zugleich die Gründe, warum das situationale Konzept in der *konzeptionellen* Debatte der Wirtschaftsdidaktik heute eher eine Randstellung einnimmt.

Didaktik vor Disziplin

Auch im situationsorientierten Konzept haben die Wissensbestände der Wirtschaftswissenschaften einen gewissen Vorrang vor anderen Disziplinen. Aber vom kategorialen und paradigmatischen Konzept unterscheidet es sich zum einen wesentlich in seinen Relevanzkriterien, da es wissenschaftliches

Wissen nach seinem Beitrag zur Bewältigung von Lebenssituationen bewertet und auswählt. Es folgt zum anderen einer anderen fachdidaktischen Grundorientierung, denn es sieht den Startpunkt aller wirtschaftsdidaktischen Überlegungen und den Endpunkt jeder ökonomischen Bildung in den Bedürfnissen und Lebenssituationen der Lernenden. Damit verbunden ist eine grundsätzlich kritische Perspektive auf die gesellschaftlichen Rahmenbedingungen und das Sys-tem sowie deren negative Wirkungen auf individuelle und kollektive Bedürfnisbefriedigung.

Kritische Perspektive

Dem rationalen, gut informierten Musterakteur, den das wirtschaftswissenschaftliche und das paradigmatische Konzept ökonomischer Bildung unterstellen, sind die eigenen Bedürfnisse gegeben und bekannt und objektive Anreize und Restriktionen strukturieren seine Lebenssituationen (vgl. Abbildung 13, Spalte „Standardökonomik"). Seine typische Aufgabe ist das einfache mathematische Kosten-Nutzen-Kalkül (z.B. ZDH 2010, 42-51). Dagegen sehen die real existierenden Subjekte des lebenssituationsorientierten Konzepts ihre Bedürfnisse und ihre Lebenssituationen als interpretationsbedürftig und vielfach „von außen" beeinflusst (vgl. Abbildung 13, Spalte „Lebenswelt"). Sie stehen vor komplexen pragmatischen Aufgaben, die auch Deutung, Diskurs und Distanz bewahren umfassen.

Ein *erster* Kritikpunkt am Konzept der Lebenssituationsorientierung ist, dass sie mit einem theoretisch unterbestimmten und empirisch unscharfen Situationsbegriff arbeitet, weil sie den einschlägigen sozialwissenschaftlichen Diskurs dazu ignoriert. Vor allem Handlungstheorie („Logik der Situation"), Spieltheorie, Phänomenologie und Sozialpsychologie könnten die nötigen theoretischen Grundlagen liefern, Ergebnisse der qualitativen und quantitativen Sozialforschung die empirischen. Dann kann man auch diskutieren, wo man *Bildung* für Lebenssituationen braucht und wo *Sozialisation* in Lebenssituationen reicht.

Reicht Sozialisation?

Noch allgemeiner kann man *zweitens* die nicht hinreichende Wissenschaftsorientierung kritisieren. Zum einen entwickelt das Konzept zwar Kriterien und Schritte zur Definition der

Lebenssituationen, aber kein im eigentlichen Sinne wissenschaftliches Verfahren dafür. Auch wählt es das für die Bildung relevante fachwissenschaftliche Wissen nicht nach *fach*wissenschaftlichen Kriterien aus. Das allerdings ist gerade der Kern situationsorientierter Konzepte, die sich als fach*didaktisch* wissenschaftliche Ansätze verstehen. Aber es bleibt unklar, ob eine soziologisch-sozialpsychologische Sicht auf eine Lebenssituation wie Konsum oder Erwerbsarbeit andere Interpretationen der Situation und andere Wissensbestände verlangt, ob und wie man die kombiniert und was das für den Unterricht bedeutet.

Viertens besteht die Gefahr, dass Situationsorientierung tendenziell Anpassungslernen fördert, da die jeweils herrschenden objektiven Lebensverhältnisse die Lebenssituationen prägen und man durch eine unkritische Qualifikation dafür die Lernenden indirekt und direkt zur Anpassung daran zwingt. Dem will Steinmann durch das Ziel der Mündigkeit, das Kriterium der Bedürfnisbefriedigung, eine Arbeitnehmer- und Verbraucherorientierung sowie die Berücksichtigung alternativer Wirtschaftskonzeptionen vorbeugen.

Lernen zwecks Anpassung

Fünftens lässt sich kritisieren, dass unberücksichtigt bleibe, dass Lebenssituationen in einer Gesellschaft nach Klassen, Schichten, Ethnien, Gender und Kulturen sehr unterschiedlich ausgeprägt und relevant sind. Das spricht gegen eine einheitliche Definition von Lebenssituationen für alle Lernenden(gruppen) und gegen einheitliches Wissen zu ihrer Bewältigung. Denn man muss mit gruppenspezifisch unterschiedlichen Strategien des Umgangs mit herausfordernden Lebenssituationen rechnen. Diese Kritik betrifft natürlich auch kategoriale und paradigmatische Konzepte.

Gleiche Situation für alle?

Sechstens stößt die individualistische Grundtendenz von Lebenssituationsorientierung auf Kritik, die „objektive" gesellschaftliche und ökonomische Rahmenbedingungen und Entwicklungen vernachlässige und Weltorientierung nur durch die Brille von Lebenssituationen vermittle. Steinmann reagierte darauf, indem er diese „Entwicklungen" als einen eigenständigen Zugang neben den Situationen in sein Konzept aufnahm.

5.2.5 Didaktischer Kompass und Leseempfehlung

Abbildung 20: Kompass „Situationsorientierte Bildung"

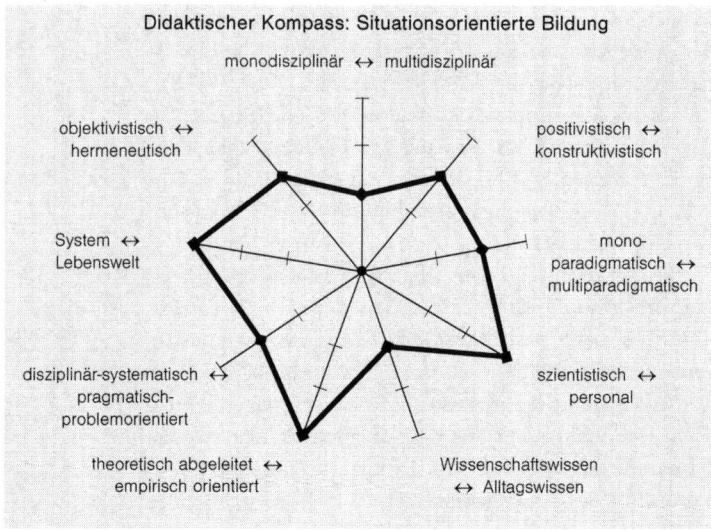

(eigene Darstellung)

Leseempfehlung zum lebenssituationsorientierten Konzept:

Steinmann, Bodo 1997: Das Konzept „Qualifizierung für Lebenssituationen" im Rahmen der ökonomischen Bildung heute. In: Kruber, Klaus-Peter (Hrsg.): Konzeptionelle Ansätze ökonomischer Bildung. Bergisch Gladbach, 1-22.

Steinmann, Bodo 2008: Lebenssituationsorientierte ökonomische Bildung. In: Hedtke, Reinhold/Weber, Birgit: Wörterbuch ökonomische Bildung. Schwalbach/Ts., 209-212.

6. Relationierung von Wissensformen: „Sozialwissenschaftliche Bildung"

Im Unterschied zu wirtschaftswissenschaftlichen und paradigmatischen Konzepten beschränken sich sozialwissenschaftliche Ansätze ökonomischer Bildung nicht von vornherein auf Wissen aus den Wirtschaftswissenschaften. Vielmehr ziehen sie je nach Thema, Problem oder Lebenssituation dasjenige Wissen aus den Sozialwissenschaften heran, das sich für deren Bearbeitung am besten eignet. Dabei spielen die Wirtschaftswissenschaften, die selbst aus mehreren Disziplinen bestehen, eine wichtige Rolle.

Wissen löst Probleme

Die jeweils relevanten disziplinären und auch transdisziplinären Wissensbestände können einander integrativ ergänzen, gegenseitig kontrastiv ersetzen oder unverbunden nebeneinander stehen bleiben (Reinhardt 1997, 15). Welche Relationierung angemessen ist, hängt zuallererst von der konkreten fachdidaktischen Zielsetzung und dem dafür relevanten wissenschaftlichen Diskussionsstand ab. Ganz allgemein geht es um das doppelte Ziel der Gestaltung: Bildung soll zur Gestaltung der eigenen Lebensverhältnisse und zur Gestaltung von Wirtschaft und Gesellschaft motivieren und befähigen.

Das sozialwissenschaftliche Konzept strukturiert und koordiniert das sozialwissenschaftliche Lernfeld. Es bezieht ökonomische Bildung systematisch auf politische und gesellschaftliche Bildung und umgekehrt, sei es in Einzel- oder Integrationsfächern. Weil das sozialwissenschaftliche Konzept unabhängig von der Fächerfrage integrativ angelegt ist, gehören der wirtschaftswissenschaftliche und der ökonomikparadigmatische Ansatz als Standardoptionen zu seinem fachdidaktischen Kern. Deshalb erweitert es den Möglich-

Integrativer Ansatz

keitsraum ökonomischer Bildung. Sozialwissenschaftliche Ansätze lassen sich auch mit dem wirtschaftlichen oder dem lebenssituations-orientierten Konzept verbinden (vgl. Kap. 5).

6.1 Das sozialwissenschaftliche Konzept ökonomischer Bildung

Ansätze sozialwissenschaftlicher Bildung integrieren ökonomische Bildung systematisch in ein umfassenderes Konzept, das andere Disziplinen und Fächer einschließt. Bereits in den 1970er Jahren entstand im Kontext der wachsenden Anerkennung und Expansion der Sozialwissenschaften eine Reihe integrativer fachdidaktischer Konzepte und Schulfächer. Lehrpläne für wirtschaftlich akzentuierte Fächer nutzen seit jeher bei vielen Themen Wissen aus mehreren Disziplinen.

Auch in der Wirtschaftsdidaktik plädiert eine Reihe von Autoren für einen eher weiten Begriff von ökonomischer Bildung (z.B. Engartner 2010; Grammes 1998; Hedtke 2006a, 2006b; Hippe 2010; Kahsnitz 2009; Seeber 1997, 2001; Steinmann 1997, 2008; Weber 2005a, 2010). Der Politikdidaktiker Wolfgang Sander (2010) konstruiert einen gemeinsamen Lernbereich der gesellschaftswissenschaftlichen Fächer. Im Folgenden skizziere ich kurz vier sozialwissenschaftliche Konzepte.

Gesellschaft als Domäne

Das *Kerncurriculum* Sozialwissenschaften für die gymnasiale Oberstufe wählt die Struktur der kategorialen Konfliktdidaktik als politikdidaktische Grundform des Bildungsprozesses (Situation, Fall, Problem; Behrmann/Grammes/Reinhardt 2004). Als ein kategorialer Ansatz, der die Bearbeitung und Bewältigung von Konflikten durch Kooperation und Institutionen einschließt, ist er wirtschaftsdidaktisch anschlussfähig. Die Autoren entwickeln Checklisten, mit denen sie curriculare Themen identifizieren, aus sozialwissenschaftlichen Kernkonzepten und -begriffen („Grammatik von Politik, Wirtschaft und Gesellschaft"), gesellschaftlichen Schlüsselproblemen (Wolfgang Hilligen) und einschlägigen Methoden.

Konflikt, Kooperation, Institution

Dietmar Kahsnitz (2005) begründet sein Konzept *sozioökonomischer* Bildung mit einer Skizze einer sozialwissenschaftlichen Allgemeinbildungstheorie und legt ökonomische Bildung als Teil einer umfassenden Gesellschaftslehre an („Individuum und Gesellschaft"). Mit Bezug auf Robinsohn und Klafki weist er wirtschaftswissenschaftliche und paradigmatische Konzepte zurück, da es nicht ausreiche, ausgewählten fachwissenschaftlichen Inhalten einen Bildungswert zuzusprechen (Kahsnitz 2005, 114-117). Er plädiert für ein integratives Unterrichtsfach „Gesellschaft, Wirtschaft, Politik" mit fünf für die Selbstbestimmung und Entfaltung der Individuen relevanten Schwerpunkten: normative Grundlagen moderner Gesellschaften; gesellschaftliche Konstitution von Individualität; Arbeit, Wirtschaft und soziale Sicherung; gesellschaftliche Modernisierungsprozesse; Staat und Demokratie (ebd., 156). Das dafür einschlägige Wissen erwartet er in Soziologie und Sozialpsychologie, Betriebs- und Volkswirtschaftslehre sowie Wirtschaftsrecht.

Gesellschaft, Wirtschaft, Politik

Die *sozialwissenschaftliche Bildung*, die Reinhold Hedtke entwirft, soll den sozialwissenschaftlichen Lernbereich nach der Formel „gemeinsam und unterschieden" integrieren (2002b, 2006, 2008a). In den Sozialwissenschaften dominierten transdisziplinäre Paradigmen wie Institutionalismus, Individualismus, Sozialer Konstruktivismus oder Ökonomische Handlungstheorie. Für die Bildung seien diese Gemeinsamkeiten wichtiger als die feineren Unterschiede zwischen einzelnen Disziplinen. Gemeinsame Paradigmen und gemeinsame Kernkategorien seien z.B. Freiheit, Konflikt, Kooperation, Konkurrenz, Macht, Effizienz und Legitimität. Forschungsmethodisch und lernmethodisch arbeiteten die Sozialwissenschaften mit demselben Repertoire. Um sich in komplexen sozialen Welten zu orientieren, brauche man sozialwissenschaftliche Grundkompetenzen; dies verlange ein darauf abgestimmtes Curriculum (Abbildung 24).

Gemeinsam und unterschieden

Thorsten Hippe setzt sich in seiner *gestaltungsorientierten sozialwissenschaftlichen Fachdidaktik* (2010) kritisch mit den drei institutionenökonomisch, sozialwissenschaftlich oder politikwissenschaftlich begründeten Positionen zum Integrationsproblem auseinander. Sein Konzept zielt auf Lebensqualität, zum einen durch selbstbestimmte Gestaltung

Bilden zum Gestalten

Abbildung 21:
Strukturschema gestaltungsorientierter sozialwissenschaftlicher Bildung

1. Problematisierende Gegenwartsanalyse:
Was ist (das Problem)?
Wie wird der Status quo interpretiert und erklärt?
Existieren gestaltungspolitisch relevante sozialwissenschaftliche Kontroversen?
a) Institutionen
b) Problem(e)
c) Problemdefinition(en)
d) Ursachen

2. Komparative Optionsanalyse:
Was ist möglich?
Welche gestaltungspolitischen Alternativen zum Status quo existieren?
Existieren dazu sozialwissenschaftliche Kontroversen?
a) Alternativen
b) Argumente
c) (Konfligierende) Ziel- und Wertvorstellungen
d) Empirische Unsicherheit/Ambivalenz

3. Evaluative Entscheidungsanalyse:
Was soll sein?
Für welche gestaltungspolitische Option entscheide ich mich und warum?
a) Urteilskriterien
b) Konsequenzen
c) Interessenkonflikte
d) Unbeabsichtigte Nebenfolgen
e) Politische Durchsetzbarkeit
f) Persönliche Urteilsbildung
g) Parteipolitische Positionen

(leicht verändert nach Hippe 2010, 94-96, 383 f.)

der eigenen Lebensführung, zum anderen durch Mitgestaltung einer lebenswerten Gesellschaft (Hippe 2010, 52-61). Für den zweiten Bereich formuliert er „Mitbestimmungsfähigkeit im Sinne von sozialwissenschaftlich reflektierter gestaltungsorientierter Urteilsfähigkeit" als zentrales Ziel (ebd., 75).

Hippe zeigt exemplarisch an den beiden Themenbereichen „Lebenswertes Wirtschafts- und Sozialsystem" sowie „Lebenswertes politisches System", wie Lernende kontroverse gestaltungsorientierte Perspektiven aus den Sozialwissenschaften

Abbildung 22:
Sozialwissenschaftliche Perspektiven, politische Grundorientierungen und parteipolitische Positionen im Politikfeld Arbeitsmarkt

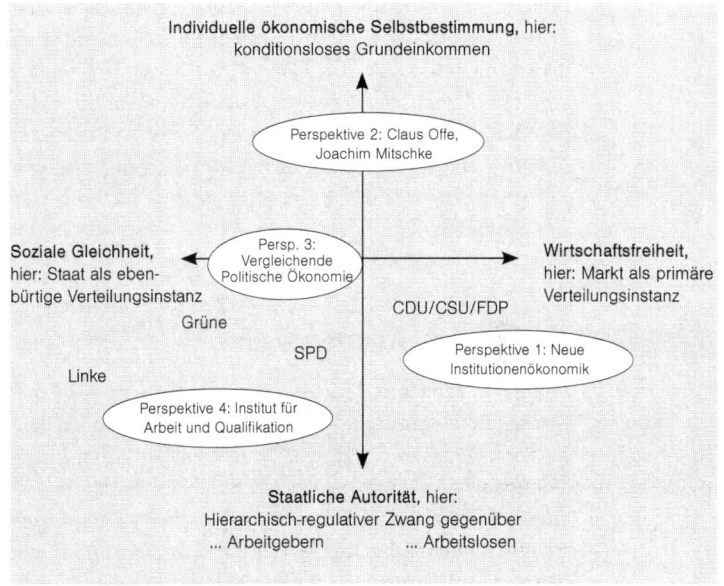

(leicht verändert aus: Hippe 2010, 110)

systematisch vergleichen können. Den roten Faden dafür liefert sein fachdidaktisches Strukturschema (vgl. Abbildung 21) und das politische Koordinatenkreuz der vier gesellschaftspolitischen Grundorientierungen von Andreas Petrik mit den Dimensionen „Verteilung" und „Entscheidung" und den Grundwerten Selbstbestimmung, Autorität sowie Soziale Gleichheit, Wirtschaftsfreiheit (Petrik 2007, 189-209).

Darüber hinaus soll man die sozialwissenschaftlichen Gestaltungsvorschläge auf einschlägige Positionen der politischen Parteien beziehen. Eine problemorientierte politisch-ökonomische Bildung verbindet also Wissenschaftsorientierung, die (meist) kontroverse Positionen erbringe, mit einer pluralistisch-pragmatischen Orientierung, da auch einschlägige (Partei-) Politiken thematisiert würden.

Politische Positionen

Kontrast durch Vergleich

Für ein bestimmtes Politikfeld als Gegenstand des Unterrichts, etwa Sozialpolitik oder Arbeitsmarktpolitik, sollen sich die Lernenden zunächst im kontrastierenden Vergleich mindestens zwei sozialwissenschaftliche Perspektiven erarbeiten. Eine davon sei in jedem Fall die Neue Institutionenökonomik, weil sie zu jedem Politikfeld relevante Vorschläge vorlege. Danach sollen sie exemplarisch unterschiedliche politikfeldspezifische Handlungsprogramme von Parteien in Relation zu den wissenschaftlichen Perspektiven setzen und ihre gesellschaftspolitische Grundorientierung identifizieren (vgl. Abbildung 22).

6.2 Kontroverses Wissen zur Gestaltung von Leben und Politik

Insgesamt betrachtet lässt sich ein sozialwissenschaftliches Konzept ökonomischer Bildung erstens dadurch charakterisieren, dass es fragt, welche sozialwissenschaftlichen Wissensbestände am geeignetsten erscheinen, um die jeweils angestrebten wirtschaftlichen und politischen Kompetenzen zu entwickeln. Dabei legt es sich nicht von vornherein auf einzelne Disziplinen fest und nimmt auch transdisziplinäres Wissen auf. Es behandelt die Wirtschaftswissenschaften nicht als a priori bevorzugte Bezugsdisziplinen. Der Fachdidaktik gebührt der Primat gegenüber den Fachwissenschaften.

Wissen in Beziehung setzen

Sozialwissenschaftliche Konzepte relationieren unterschiedliche Formen des sozialwissenschaftlichen Wissens (vgl. Grammes 1998, 83-93). Sie setzen etwa in der Politikwissenschaft beliebte Erklärungsansätze mit in der Volkswirtschaftslehre dominanten in Beziehung, z.B., um deren unterschiedliche Empfehlungen an die Politik zu vergleichen. Sie vernachlässigen aber (noch) Alltags- und Lebensweltwissen sowie Berufs- und Organisationswissen (Grammes 1998). In Anlehnung an die multidisziplinären „Landkarten", mit denen man in der Betriebswirtschaftslehre nach Lösungen für praktische Probleme sucht, skizziert Hedtke eine Methodologie zur Inbezugsetzung der unterschiedlichen Wissensformen (Hedtke 2010a und 2010b; vgl. Abbildung 12).

Abbildung 23:
Kontroverse Perspektiven zur Arbeitsmarktpolitik (Auswahl)

	Vergleichende Politische Ökonomie, z.B. Fritz W. Scharpf	Neue Institutionenökonomik, z.B. Hans-Werner Sinn
Normativer Schwerpunkt	Soziale Gleichheit	Ökonomische Freiheit
Zentrale Ursache für Arbeitslosigkeit	Regressive Struktur der Finanzierung des Sozialstaats	Zu hohes Lohnniveau
Lösungsvorschlag zum Problem Arbeitslosigkeit	Selektive Senkung der Sozialversicherungsbeiträge nur für Geringverdiener	Lockerung des Flächentarifvertragssystems (gesetzliche Öffnungsklausel); Workfare
Lösungsvorschlag zum Problem Armut	s. o.	Staatliche Zuschüsse für Geringverdiener
Bewertung des Dualen Systems der Interessenvertretung	Eher positiv: „Kooperation" Arbeitnehmer / Arbeitgeber	Eher negativ: „Tarifkartell"
Bewertung der gesetzl. Mitbestimmung in Großunternehmen	Eher positiv	Eher negativ
Steuerpolitik	Erhöhung der Einkommensteuer	Senkung der Einkommensteuer

(um zwei weitere Perspektiven gekürzt und leicht verändert aus: Hippe 2010, 111)

Typisch für das sozialwissenschaftliche Konzept ist zweitens, dass die Sozialwissenschaften je nach theoretischem oder methodologischem Ansatz unterschiedliche, meist *kontroverse* Vorschläge machen, wie Probleme in einem bestimmten Politikfeld zu lösen seien (vgl. Abbildung 23). So hat Thorsten Hippe (2010) detailliert nachgewiesen, dass Kontroversität ein durchgängiges Charakteristikum sozialwissenschaftlicher Vorschläge für die Gestaltung konkreter Politikfelder ist.

Sozialwissenschaftliche Bildungskonzepte zeichnen sich drittens durch ihre wissenschaftliche und evaluative Offenheit

Kontroverse Vorschläge

aus, mit der sie die Gestaltung des öffentlichen Gemeinwesens und des eigenen privaten Lebens thematisieren. Dies verlangt zum einen, Kompetenzen zu entwickeln, mit denen man lernt, die kontroversen wissenschaftlichen Konzepte mit divergenten politischen Grundorientierungen und konkreten, meist kontroversen Politiken in Beziehung zu setzen. Ökonomisch-politische Bildung wäre dann das Ziel. Sie erfordert zum andere Kompetenzen, durch die man selbstbestimmt über alternative Optionen der Lebensführung reflektieren und verfügen lernt (sozialwissenschaftlich-personale Bildung). Das jeweils relevante sozialwissenschaftliche Wissen auszuwählen, ist Aufgabe der wissenschaftlichen Fachdidaktik.

Über Alternativen nachdenken

6.3 Lernen als Orientierung in unübersichtlichen System- und Lebenswelten

Bildung darf die charakteristische Multiperspektivität und Kontroversität in Wissenschaft, Wirtschaft, Gesellschaft, Politik und Lebenswelten nicht willkürlich auf einzelne Erklärungsmuster und Gestaltungsoptionen reduzieren. Sozialwissenschaftliche Konzepte nehmen die Herausforderung der Unübersichtlichkeit auf, indem sie den schwierigen Umgang mit unterschiedlichen Perspektiven und Positionen zum Hauptgegenstand des Lernens machen.

Gerade das Ziel wirtschaftlicher Handlungskompetenz verlangt in aller Regel, dass man Wissen aus mehreren Sozialwissenschaften systematisch und geplant zusammenführt. Wer in den zentralen Feldern Arbeit und Beruf, Haushalt und Konsum sowie Unternehmen und Produktion als Berufswähler, Arbeitnehmer, Konsument oder Unternehmer kompetent handeln lernen soll, kann sich nicht auf monodisziplinäres Wissen beschränken. Disziplinen, die sich für praxisnäher als die Volkswirtschaftslehre halten, wie etwa Betriebswirtschaftslehre, Marketingwissenschaft oder Organisationswissenschaft, integrieren deshalb seit langem Wissen aus unterschiedlichen Sozialwissenschaften in ihren Konzeptionen und Empfehlungen.

Praxis verlangt Vielfalt des Wissens

Abbildung 24: Sozialwissenschaftliche Kompetenzen

- *Konstrukte:*
  gesellschaftliche Phänomene als sozial konstruiert und deshalb prinzipiell auch anders möglich oder gestaltbar auffassen;
- *Kommunikationen:*
  die kommunikative Herstellung und Formung gesellschaftlicher Wirklichkeiten und Probleme durch kollektiv als „wahr" geglaubte und öffentlich als „wahr" kommunizierte „Fakten" beschreiben, beurteilen und im eigenen Handeln berücksichtigen;
- *Denkweisen:*
  ein soziales Phänomen oder Problem mit unterschiedlichen Denkweisen unterschiedlich beschreiben, erklären, behandeln und die Folgen dieser Denkweisen reflektieren sowie dies auf eigene Denkweisen anwenden;
- *Denkwirkungen:*
  die Veränderung sozialer Phänomene und Probleme durch die Verbreitung und Anerkennung gesellschaftlichen und sozialwissenschaftlichen Wissens über sie beschreiben;
- *Institutionen:*
  individuelles Handeln mit gesellschaftlichen Institutionen verbinden, die dieses ermöglichen und begrenzen, und diese Institutionen als sich ändernde und veränderbare beschreiben;
- *Nebenwirkungen:*
  die unbeabsichtigten gesellschaftlichen Nebenwirkungen aufspüren, die sich aus Versuchen ergeben, gesellschaftliche Systeme und Institutionen sowie individuelles Handeln gezielt zu steuern;
- *Normen:*
  zentrale normative Grundlagen institutioneller Systeme wie Familie, Markt, Kapitalismus oder Demokratie herausarbeiten und mit alternativen Normen vergleichen;
- *Evolutionen:*
  hinsichtlich Denkweisen, Institutionen und Normen beschreiben, wie sich diese herausgebildet, durchgesetzt und verfestigt haben und dadurch gegenwärtige Handlungsmöglichkeiten eröffnen und begrenzen;
- *Interessen:*
  gesellschaftliche Phänomene, Institutionen und Probleme auf die damit verbundenen kollektiven und individuellen Interessen untersuchen, diese beurteilen und beim Handeln berücksichtigen;
- *Perspektiven:*
  die individuellen und kollektiven Perspektiven unterschiedlicher sozialer Akteure beschreiben, einnehmen und reflektieren;
- *Ebenen:*
  Mikro- und Makroebene in Gesellschaft, Wirtschaft und Politik unterscheiden und verbinden, Makrophänomene auf Mikroursachen zurückführen und Makrofolgen von Mikrophänomenen beschreiben;
- *Aussagetypen:*
  Ist-Aussagen über gesellschaftliche Phänomene von Soll-Aussagen darüber unterscheiden und in eigenen Argumentationen voneinander trennen.

(aus: Hedtke 2006, 112)

Ein Konzept sozialwissenschaftlicher Bildung umfasst deshalb zum einen universale, für alle Sozialwissenschaften typische Denkweisen, Kategorien und Kompetenzen (vgl. Abbildung 24). Dazu gehören zum Beispiel der Soziale Konstruktivismus, das Rational-Choice- bzw. Ökonomik-Paradigma, der Wechsel von Mikro- und Makro-Perspektive oder die Kategorien Institution und Interesse. Zum anderen umfasst es Spezifika, die nur einzelne Wissenschaftsdisziplinen oder Schulfächer charakterisieren. Wissensbestände aus unterschiedlichen sozialwissenschaftlichen Disziplinen können für eine angestrebte Kompetenz funktional äquivalent und deshalb austauschbar sein. So kann man beispielsweise die Denkmuster der Ökonomik und der Makro-Mikro-Makro-Erklärungen vollständig in der Soziologie erwerben (Esser 2000; Opp 2005, 90-105).

Typisch sozialwissenschaftlich

Aus diesen Gründen muss man die Teile und Fächer des sozialwissenschaftlichen Lernbereichs konzeptionell, curricular und unterrichtlich koordinieren und die unterschiedlichen Wissensformen, Wissensbestände und Kompetenzen miteinander gezielt und explizit in Bezug setzen (*Relationierung* des Wissens). Konzepte dafür müssen die Wirtschaftsdidaktik und die Politikdidaktik erst noch entwickeln; viele Curricula legen solche Relationierungen ganz pragmatisch fest.

Vielfalt von Wissen

Darüber ist das relevante sozialwissenschaftliche Wissen samt der damit verbundenen wissenschaftlichen Gestaltungsempfehlungen in einen systematischen Zusammenhang weltanschaulicher Grundorientierungen einzuordnen (*Verortung* des Wissens; vgl. Abbildung 22). Bezieht man auch die auf das jeweilige Problem gerichteten parteipolitischen Positionen systematisch mit ein, kann man sehen, wie wissenschaftliches Wissen, politische Orientierung und praktische Politiken zusammenhängen (*Pragmatik* des Wissens).

Pragmatik und Politik

6.4 Kritik der sozialwissenschaftlichen Bildung

Konzeptionen integrativer sozialwissenschaftlicher Bildung stehen fachdidaktikwissenschaftlich, schulfachpolitisch, curricular und unterrichtspraktisch in einer langen Tradition.

Die meisten Bundesländer strukturieren seit Jahrzehnten den sozialwissenschaftlichen Lernbereich in Form integrativer Fächer unterschiedlichen Zuschnitts. Auch international finden sich zahlreiche Integrationsfächer, z.B. Social Studies in den USA, Wirtschafts- und Sozialwissenschaften an den Gymnasien Frankreichs (Sciences économiques et sociales, SES) oder Civics in Schweden.

Neben dem Konzept wirtschaftlicher Bildung ist das sozialwissenschaftliche Konzept der einzige in dem Sinne integrative Ansatz, dass er das wirtschaftswissenschaftliche und das paradigmatische Konzept systematisch mit umfasst (z.B. Hedtke 2005c und 2007). Denn das Ökonomik-Paradigma und ganz besonders die Neue Institutionenökonomik sind wichtige Denkmuster in den Sozialwissenschaften, die neben wenigen anderen Denkweisen im Zentrum einer multiparadigmatischen ökonomisch-politischen Bildung stehen (Hippe 2010, 391 f.).

Andere Positionen einschließen

Die Grundidee sozialwissenschaftlicher Bildung stößt in Teilen der Wirtschaftsdidaktik und der Politikdidaktik auf Zustimmung. Angesichts der vielfachen thematischen, paradigmatischen und methodologischen Überschneidungen zwischen den Sozialwissenschaften, der engen und systematischen Verflechtungen zwischen Wirtschaft und Politik sowie der Herausforderung, sich vor diesem Hintergrund in der komplexen sozialen Wirklichkeit zu orientieren und zu handeln, erscheint eine sorgfältige Abstimmung im sozialwissenschaftlichen Lernbereich als zwingend erforderlich. Das sozialwissenschaftliche Konzept erfüllt die Systematisierungs- und Koordinierungsfunktion, die die diversen Wissensbestände und Schulfächer erfordern. Es übernimmt auch die unverzichtbare Aufgabe der Pluralisierung und Relativierung der einseitigen Profile disziplinärer oder paradigmatischer Konzepte.

Verantwortung für den Lernbereich

Das Konzept zieht erstens heftige Kritik von rein disziplinär ausgerichteten Politikdidaktikern und Wirtschaftsdidaktikern auf sich. Beide argumentieren mit Bezug auf die Charakteristika und den spezifischen Bildungsbeitrag ihrer jeweiligen Bezugsdisziplin für ein monodisziplinär begründetes Schulfach Politik bzw. Wirtschaft.

Fixiert auf Wissenschaft

In eine ganz andere Richtung geht zweitens die Kritik am Szientismus, der das sozialwissenschaftliche Konzept ebenso präge wie das wirtschaftswissenschaftliche und das paradigmatische Konzept ökonomischer Bildung. Jenes sei multidisziplinär, diese seien monodisziplinär, alle drei seien aber wissenschaftsfixiert. Auch das sozialwissenschaftliche Konzept denke wesentlich von den Bezugsdisziplinen her und nicht von den Bildungssubjekten und Bildungszielen; dies trifft am wenigsten für die Ansätze von Hippe und Kahsnitz zu.

Drittens müsse das sozialwissenschaftliche Konzept letztlich scheitern, weil sich Fragestellungen, Problemdefinition, Methodologien, Paradigmen und Kategorien der einzelnen Sozialwissenschaften so grundlegend voneinander unterschieden, dass es unmöglich sei, sie miteinander zu vergleichen oder gar zu integrieren. Hippe (2010) hat daraufhin zahlreiche sozialwissenschaftliche Studien analysiert und nachgewiesen, dass die Behauptung der Nichtvergleichbarkeit unhaltbar ist.

Wirtschaftswissenschaft ist genug

Viertens bezweifelt insbesondere der wirtschaftsdidaktische Mainstream die Relevanz politikwissenschaftlichen und erst recht soziologischen Wissens für die ökonomische Bildung. Eine systematische sozialwissenschaftliche Integration sei überflüssig, weil das wirtschaftswissenschaftliche oder ökonomikparadigmatische Wissen für die Bildungsziele völlig ausreiche und man, falls nötig, fallweise Einzelwissen aus anderen Disziplinen hinzuziehen könne.

Sozialwissenschaften ist zu viel

Fünftens wird moniert, dass Umfang und Komplexität einer sozialwissenschaftlichen Bildung sowohl die Lernenden in der Schule als auch die Studierenden in der Hochschule überforderten, sie entwickelten sich bestenfalls zu informierten Dilettanten. Dem steht entgegen, dass Universitäten in allen Wissenschaftsbereichen eine Vielzahl multi- und interdisziplinärer Bachelorstudiengänge anbieten.

Schließlich kritisiert man, dass eine integrative sozialwissenschaftliche Bildung erst dann möglich sei, wenn man vorher eine solide disziplinäre Bildung nach der Logik der Einzeldisziplinen und in jeweils eigenständigen Schulfächern erworben habe. Interdisziplinarität setze Disziplinarität zwingend voraus.

6.5 Didaktischer Kompass und Leseempfehlung

Abbildung 25: Kompass „Sozialwissenschaftliche Bildung"

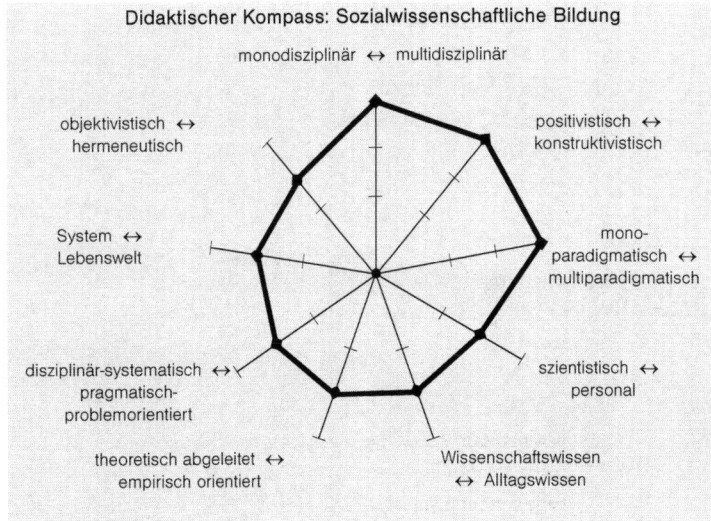

(eigene Darstellung)

Leseempfehlung zum sozialwissenschaftlichen Konzept:

Reinhold Hedtke Hedtke 2008: Sozialwissenschaftliche Bildung. In: Reinhold/Weber, Birgit (Hrsg.): Wörterbuch ökonomische Bildung. Schwalbach/Ts., 296-299.

Hippe, Thorsten 2010: Wie ist sozialwissenschaftliche Bildung möglich? Gesellschaftliche Schlüsselprobleme als integrativer Gegenstand der ökonomischen und politischen Bildung. Wiesbaden. Dort: Fazit – Gestaltungsperspektiven vergleichen statt Universitätsdisziplinen addieren, 381-396.

Kahsnitz, Dietmar 2008: Sozioökonomische Bildung. In: Reinhold/Weber, Birgit (Hrsg.): Wörterbuch ökonomische Bildung. Schwalbach/Ts., 299-301.

7. Zukunftskonzepte?

Die hier skizzierten Konzepte ökonomischer Bildung bieten Vielfalt für Lehren und Lernen. Curriculum und Unterricht können z.B. je nach Themenfeldern oder Klassenstufen unterschiedlichen Konzepten folgen (vgl. Jung 2007). Sachliche Gründe, diese Vielfalt durch ein Einheitskonzept ökonomischer Bildung zu ersetzen, gibt es nicht. Dennoch arbeitet der wirtschaftsdidaktische Mainstream aus fach- und paradigmenpolitischen Gründen mit Macht auf eine paradigmatische, inhaltliche und curriculare Standardisierung hin.

Die Schwerpunkte der Wirtschaftsdidaktik lagen und liegen (noch) in der Grundlagenforschung und in der Entwicklung von Konzepten für die ökonomische Bildung (Weber 2009, 18 f.). Die wissenschaftlichen Resultate enttäuschen (noch?): Eine systematische und differenzierte Auseinandersetzung mit den Fachwissenschaften fehlt ebenso weitgehend wie eine fundierte Auseinandersetzung mit den Wirkungen des Wissens im Wirtschaftsalltag. Die Standardisierungspolitik und der Trend zur empirischen Fachunterrichtsforschung, der den Blick auf Messbarkeiten und Messverfahren lenkt, verdecken gegenwärtig die schwachen theoretischen, empirischen und pragmatischen Grundlagen einer ökonomischen Bildung.

Wissenschaftlich schwach fundiert

Diese wissenschaftlichen Defizite hemmen die bildungspolitischen Erfolge der Bemühungen um mehr Wirtschaft in der Schule aber nicht. Die Expansion ökonomischer Bildung verdankt sich vor allem der Unterstützung durch Wirtschaftsverbände, Großunternehmen und konservative Stiftungen sowie durch das politische Mitte-rechts-Spektrum. Die Erfolge gründen aber auch in einer breiten öffentlichen Zustimmung zum wohlklingenden Allgemeinplatz, dass ökonomische Bildung heute für alle wichtig sei.

Nur für das Konzept sozialwissenschaftlicher Bildung liegt inzwischen eine umfangreiche, differenzierte fachwissenschaftliche Grundlegung samt fachdidaktischer Konse-

Für welches Leben lernen?

quenzen vor (Hippe 2010). Das macht alternative Konzepte keineswegs obsolet, denn auch in der Wirtschaftsdidaktik ist wissenschaftlicher Pluralismus monistischem Denken weit überlegen. Aber dieses Konzept setzt Maßstäbe für das wissenschaftliche Niveau alternativer Ansätze.

Sowohl in paradigmatischen wie auch in situationsorientierten Konzepten ökonomischer Bildung soll man für das Leben lernen: im ersten Fall lernt man die Perspektive, aus der heraus man das Wirtschaftsleben – und vielleicht die ganze Welt – betrachten soll, im zweiten Fall lernt man, mit welchem Wissen und Können man die als „ökonomisch" geltenden Lebenssituationen verstehen und bewältigen soll. Hier stehen sich also eine paradigmatische und eine pragmatische Weltsicht gegenüber. Die Lernenden brauchen beide – das Problem ist nur: Man weiß nicht recht, ob und wie die gelehrten und gelernten Weltsichten auf die realen Wirtschafts- und Lebenswelten wirken und wem sie wirklich nützen. Auch das spricht für einen dezidierten Pluralismus der Konzepte ökonomischer Bildung in Theorie, Empirie und Praxis.

Pluralismus in Theorie und Praxis

Abschließend seien zwei zentrale konzeptionelle Aufgaben zukünftiger Wirtschaftsdidaktik betont. Es fehlt zum einen eine konzeptionell kritische Wirtschaftsdidaktik, die Partei ergreift für Nachhaltigkeit, Solidarität, Teilhabe und Gerechtigkeit und sich der Aufklärung verpflichtet sieht. Es fehlt eine Wirtschaftsdidaktik, die die Subjekte ermächtigt, ihr wirtschaftliches Leben so zu leben, wie es ihren Vorstellungen von Sinn und Werten entspricht, statt ihnen vorzugeben, wie sie es wirtschaftswissenschaftlich sehen und gestalten sollen.

Das wird nicht nur wissenschaftlich, sondern auch politisch ein schwieriges Unterfangen, da der Mainstream der Wirtschaftsdidaktik offensichtlich bevorzugt mit Unternehmen, Wirtschaftsverbänden und affinen Initiativen kooperiert und von dort mitfinanziert wird (vgl. ZDH 2010, Hedtke/Famulla/Fischer/Weber/Zurstrassen 2010). Deren Interesse an ökonomischer Bildung speist sich im Durchschnitt – ganz nach dem Erklärungsmuster des Paradigmas der Ökonomik – aus ihren jeweiligen Interessen daran, die eigenen Perspektiven,

Ökonomische Interessen

Positionen, Problemdefinitionen und Politiken in den Schulen zu verbreiten. Interessierte Akteure, etwa aus Finanzindustrie, Wirtschaftspresse, Energiebranche oder wirtschaftsnahen Forschungsinstituten, sponsern oder produzieren auch die Mehrzahl der frei verfügbaren Unterrichtsmaterialien. Damit stellt sich das wirtschaftsdidaktisch und bildungspolitisch ungelöste Problem, wie man ökonomische Bildung in öffentlichen Schulen wirksam vor dem Zugriff organisierter wirtschaftlicher Interessen schützen kann.

Zum anderen braucht die Wirtschaftsdidaktik eine Theorie und Empirie des wirtschaftlichen Subjekts in der entwickelten kapitalistischen Marktwirtschaft des 21. Jahrhunderts. Zugespitzt: Die Wirtschaftsdidaktik weiß nicht so richtig, mit wem sie es eigentlich zu tun hat. Weder der abstrakte Akteur der Ökonomik noch die mikroökonomischen Modellfiguren helfen hier weiter. Denn ökonomische Bildung findet mit und für Menschen statt, nicht für wirtschaftliche Ordnungen, Funktionalitäten und „Gesetze". Die große Mehrheit der Wirtschaftsdidaktiker aber muss diese subjektive und personale Dimension erst noch entdecken. Sie muss auch lernen, die subjektiven Vorstellungen der Lernenden von wirtschaftlichen Welten und Zusammenhängen und ihre unterschiedlichen Auffassungen vom guten Leben in Wirtschaft und Gesellschaft ernst zu nehmen. Vielleicht entwickelt sich daraus eine subjektorientierte Konzeption ökonomischer Bildung, durch die das Individuum mehr über sich und sein Leben lernt als über den Modellakteur und seine Logik. Dann hätte Bildung eine echte Chance.

Das unbekannte Subjekt

8. Literatur

Aff, Josef 1997: Die Wirtschaftsdidaktik im Spiegel unterschiedlicher betriebswirtschaftlicher Ansätze. In: Ders./Wagner, Margret (Hrsg.): Methodische Bausteine der Wirtschaftsdidaktik. Wien. 11-49.

Albers, Hans-Jürgen 1995: Handlungsorientierung und ökonomische Bildung. In: Ders. (Hrsg.), 1-22.

Albers, Hans-Jürgen (Hrsg.) 1995a: Handlungsorientierung und ökonomische Bildung. Bergisch Gladbach.

Ariely, Dan 2008: Denken hilft zwar, nützt aber nichts. Warum wir immer wieder unvernünftige Entscheidungen treffen. München.

Bachmann, Rüdiger 2010: Zum Neueren Methodenstreit. Ein Rückblick. In: Ökonomenstimme, http://www.oekonomenstimme.org/artikel/2010/03/zum-neueren-methodenstreit-ein-rueckblick/ gelesen am 6.10.2010.

Becker, Gary S./Becker, Guity Nashat 1998: Die Ökonomik des Alltags. Von Baseball über Gleichstellung zur Einwanderung: Was unser Leben wirklich bestimmt. Tübingen.

Behrmann, Günter C./Grammes, Tilman/Reinhardt, Sibylle 2004: Politik. Kerncurriculum Sozialwissenschaften in der gymnasialen Oberstufe. In: Tenorth, Heinz-Elmar (Hrsg.): Kerncurriculum Oberstufe II. Biologie, Chemie, Physik, Geschichte, Politik. Weinheim/Basel, 322-406.

Bönkost, Klaus Jürgen 1988: Menschliche Arbeit und ökonomische Bildung am Ausgang des 20. Jahrhunderts. In: Bundesfachgruppe (Hrsg.) 1988, 17-36.

Bundesfachgruppe für ökonomische Bildung (Hrsg.) 1988: Ökonomische Bildung – Aufgabe für die Zukunft. Bergisch Gladbach.

Dauenhauer, Erich 1999/2000: Kategoriale Wirtschaftsdidaktik. Bd. 1: Anregungen zur inhaltlichen Neugestaltung. 2. Aufl. Münchweiler.

Davies, Peter 2001: Citizenship and Economic Understanding in England. In: Schlösser (Hrsg.), 1-20.

Decker, Franz 1970: Didaktik der allgemeinen Wirtschaftslehre. Frankfurt/M./Berlin/München.

Engartner, Tim 2010: Didaktik des Ökonomie- und Politikunterrichts. Paderborn.

Esser, Hartmut 2000: Soziologie. Spezielle Grundlagen. Bd. 3: Soziales Handeln, Bd. 4: Opportunitäten und Restriktionen, Bd. 5: Institutionen. Frankfurt/M./New York.

Feig-Mittag, Gottfried 1988: Ansatzpunkte und Aspekte einer arbeitsorientierten Bildung. In: Bundesfachgruppe (Hrsg.), 59-77.

Fischer, Andreas (Hrsg.) 2006: Ökonomische Bildung – Quo vadis? Bielefeld.

Friedrich, Horst 1988: Berufsorientierung als Bestandteil der vorberuflichen Bildung im Gymnasium. In: Bundesfachgruppe (Hrsg.), 79-98.

Grammes, Tilman 1998: Kommunikative Fachdidaktik. Politik, Geschichte, Recht, Wirtschaft. Opladen.

Grammes, Tilman 2005: Exemplarisches Lernen. In: Sander (Hrsg.) 2005, 93-107.

Grammes, Tilman 2009: Vermittlungswissenschaft. Zur Verwendung sozialwissenschaftlichen Wissens am Beispiel einer Weiterbildung. In: Journal of Social Science Education 8 (2009) 2, 146-164.

Hedtke, Reinhold 2001: Konsum und Ökonomik. Grundlagen, Kritik und Perspektiven. Konstanz.

Hedtke, Reinhold 2002a: Die Kontroversität in der Wirtschaftsdidaktik. In: Gesellschaft, Wirtschaft, Politik 51 (2002) 2, 173-186.

Hedtke, Reinhold 2002b: Wirtschaft und Politik. Über die fragwürdige Trennung von ökonomischer und politischer Bildung. Schwalbach/Ts.

Hedtke, Reinhold 2005a: Zwischen Integration und Vervolkswirtschaftlichung. „Sozialwissenschaften/Wirtschaft" als Exempel für ökonomische Hegemonie und fachdidaktische Defizite. In: Politisches Lernen 23 (2005), 1-2, 5-16.

Hedtke, Reinhold 2005b: Ökonomische Bildung im Rahmen politischer Bildung. Das Kerncurriculum „Ökonomische Bildung als integrativer Teil der politischen Bildung". In: Weitz (Hrsg.) 2005, 77-110.

Hedtke, Reinhold 2005c: Gemeinsam und unterschieden. Zum Problem der Integration von politischer und ökonomischer Bildung. In: Kahsnitz (Hrsg.) 2005a, 19-74.

Hedtke, Reinhold 2005d: Ökonomisches Lernen. In: Sander (Hrsg.) 2005, 335-346.

Hedtke, Reinhold 2006: Sozialwissenschaftliche ökonomische Bildung. In: Fischer (Hrsg.) 2006, 95-119.

Hedtke, Reinhold 2007: Konzepte ökonomischer Bildung. In: Politisches Lernen 25 (2007) 1-2, 50-54.

Hedtke, Reinhold 2008a: Sozialwissenschaftliche Bildung. In: Hedtke/Weber (Hrsg.) 2008, 296-299.

Hedtke, Reinhold 2008b: Ökonomische Denkweisen. Eine Einführung. Multiperspektivität – Alternativen – Grundlagen. Schwalbach/Ts.

Hedtke, Reinhold 2010a: Von der Betriebswirtschaftslehre lernen? Handlungsorientierung und Pluralismus in der ökonomischen Bildung. In: Gesellschaft, Wirtschaft, Politik 59 (2010) 3, 355-366.

Hedtke, Reinhold 2010b: Wer hat Angst vor der BWL? Was die Konsumentenbildung von der Betriebswirtschaftslehre lernen kann. In: Retzmann (Hrsg.) 2010, 185-200.

Hedtke, Reinhold/Assmann, David-Christopher 2008: Forschung und Publikation in der Wirtschaftsdidaktik. Bielefeld. http://www.uni-bielefeld.de/soz/ag/hedtke/pdf/hedtke-assmann_wirtschaftsdidaktik.pdf gelesen am 6.10.2010.

Hedtke, Reinhold/Assmann, David-Christopher 2009: Ist Wirtschaftsdidaktik das, was Wirtschaftsdidaktiker tun? In: Seeber (Hrsg.) 2009, 28-37.

Hedtke Reinhold/Famulla, Gerd-E./Fischer, Andreas/Weber Birgit/Zurstrassen, Bettina 2010: Für eine bessere ökonomische Bildung! Kurzexpertise zum Gutachten „Ökonomische Bildung an allgemeinbildenden Schulen. Bildungsstandards und Standards für die Lehrerbildung im Auftrag des Gemeinschaftsausschusses der Deutschen gewerblichen Wirtschaft" vom November 2010. Bielefeld.

Hedtke, Reinhold/Weber, Birgit (Hrsg.) 2008: Wörterbuch Ökonomische Bildung. Schwalbach/Ts.

Hilligen, Wolfgang 1985: Zur Didaktik des politischen Unterrichts. Wissenschaftliche Voraussetzungen, didaktische Konzeptionen, unterrichtspraktische Vorschläge. 4. Aufl. Opladen.

Hippe, Thorsten 2010: Wie ist sozialwissenschaftliche Bildung möglich? Gesellschaftliche Schlüsselprobleme als integrativer Gegenstand der ökonomischen und politischen Bildung. Wiesbaden.

Homann, Karl/Suchanek, Andreas 2005: Ökonomik. Eine Einführung. 2. Aufl. Tübingen.

Jung, Eberhard 2007: Welche ökonomische Bildung benötigen wir? In: Unterricht Wirtschaft 8 (2007) 1, H. 29, 49-55.

Kahsnitz, Dietmar 2005: Ökonomische und politische Bildung sowie die Frage ihrer Integration aus der Perspektive einer sozialwissenschaftlichen Allgemeinbildungstheorie. In: ders. (Hrsg.) 2005a, 111-158.

Kahsnitz, Dietmar (Hrsg.) 2005a: Integration von politischer und ökonomischer Bildung? Wiesbaden.

Kahsnitz, Dietmar 2008: Sozioökonomische Bildung. In: Hedtke/Weber (Hrsg.) 2008, 299-301.

Kahsnitz, Dietmar 2009: Wissenschaftliche Grundlagen einer wirtschaftlichen Bildung. Was sollen Jugendliche in der allgemeinbildenden Schule über die Wirtschaft lernen? In: Seeber (Hrsg.) 2009, 38-48.

Kaiser, Franz-Josef/Kaminski, Hans 1999: Methodik des Ökonomie-Unterrichts. Grundlagen eines handlungsorientierten Lernkonzepts mit Beispielen. 3. Aufl. Bad Heilbrunn.

Kaiser, Franz-Josef/Kaminski, Hans (Hrsg.) 2003: Wirtschaftsdidaktik. Bad Heilbrunn/Obb.

Kaminski, Hans 1997: Neue Institutionenökonomik und ökonomische Bildung. In: Kruber (Hrsg.) 1997, 129-160.

Kaminski, Hans 1999. Ökonomische Bildung im Gymnasium. In: Krol/Kruber (Hrsg.) 1999, 183-207.

Kaminski, Hans 2003: Zum Verhältnis von Fachwissenschaft und Fachdidaktik in der ökonomischen Bildung. Aspekte von Interdisziplinarität aus der Sicht der Ökonomik. In: Kaiser/Kaminski (Hrsg.) 2003, 41-76

Kaminski, Hans 2008: Problemfelder für die Entwicklung der ökonomischen Bildung im deutschen allgemein bildenden Schulsystem. In: Kaminski/Krol (Hrsg.) 2008, 11-70.

Kaminski, Hans 2009: Anmerkungen zum „Oldenburger Ansatz ökonomischer Bildung". In: Gesellschaft, Wirtschaft, Politik 58 (2009) 4, 531-544.

Kaminski, Hans/Eggert, Katrin 2008: Konzeption für die ökonomische Bildung als Allgemeinbildung von der Primarstufe bis zur Sekundarstufe II. Bundesverband deutscher Banken. Berlin.

Kaminski, Hans/Krol, Gerd-Jan (Hrsg.) 2008: Ökonomische Bildung: legitimiert, etabliert, zukunftsfähig. Stand und Perspektiven. Bad Heilbrunn/Obb.

Karpe, Jan 2008: Institutionenökonomische Bildung. In: Hedtke/Weber (Hrsg.) 2008, 174-176.

Karpe, Jan/Krol, Gerd-Jan 1997: Ökonomische Verhaltenstheorie, Theorie der Institutionen und ökonomische Bildung. In: Kruber (Hrsg.) 1997, 75-102.

Karpe, Jan/Krol, Gerd-Jan 1999: Funktionsbedingungen moderner Gesellschaften und Neue Institutionenökonomik als Herausforderung für die ökonomische Bildung. In: Krol/Kruber (Hrsg.), 21-48.

Khurana, Rakesh 2007: From Higher Aims to Hired Hands. The Social Transformation of American Business Schools and the Unfulfilled Promise of Management as a Profession. Princeton, Oxford.

Kirchgässner, Gebhard 2008: Homo oeconomicus. 3. Aufl. Tübingen.

Klafki, Wolfgang 1996: Neue Studien zur Bildungstheorie und Didaktik. Zeitgemäße Allgemeinbildung und kritisch-konstruktive Didaktik. 5. Aufl. Weinheim/Basel.

Krol, Gerd-Jan/Kruber, Klaus-Peter (Hrsg.) 1999: Die Marktwirtschaft an der Schwelle zum 21. Jahrhundert. Neue Aufgaben für die ökonomische Bildung? Bergisch Gladbach.

Krol, Gerd-Jan/Loerwald, Dirk/Zoerner, Andreas 2006: Standards für die ökonomische Bildung in der gestuften Lehrerausbildung. Münster.

Krol, Gerd-Jan/Zoerner, Andreas 2008: Ökonomische Bildung, Allgemeinbildung und Ökonomik. In: Kaminski/Krol (Hrsg.) 2008, 91-129.

Kruber, Klaus-Peter 2001: Ökonomische Bildung – Fach oder Prinzip? Die Frage nach dem Spezifikum von Wirtschaftsunterricht im Lernfeld Politik. In: sowi-onlinejournal 2 (2001) 1. http://www.jsse.org/2001/2001-1/kruber.htm gelesen am 6.10.2010.

Kruber, Klaus-Peter 2005: Ökonomische und politische Bildung. Der mehrperspektivische Zugriff auf Wirtschaft und Politik. In: Kahsnitz (Hrsg.) 2005a, 75-109.

Kruber, Klaus-Peter (Hrsg.) 1994: Didaktik der ökonomischen Bildung. Baltmannsweiler.

Kruber, Klaus-Peter (Hrsg.) 1997: Konzeptionelle Ansätze ökonomischer Bildung. Bergisch Gladbach.

Kruber, Klaus-Peter 2000: Kategoriale Wirtschaftsdidaktik – der Zugang zur ökonomischen Bildung: In: Gegenwartskunde 49 (2000) 3, 285-295. Online: http://www.sowi-online.de/forum/oekonomie/kruber.htm.

Kruber, Klaus-Peter 2008: Kategoriale ökonomische Bildung. In: Hedtke/Weber (Hrsg.) 2008, 187-190.

Kultusministerium 2006 = Niedersächsisches Kultusministerium: Politik-Wirtschaft. Kerncurriculum für das Gymnasium Schuljahrgänge 8-10. Hannover.

Lange, Dirk 2007: Einleitung. In: ders. (Hrsg.): Konzeptionen Politischer Bildung. Basiswissen Politische Bildung. Handbuch für den sozialwissenschaftlichen Unterricht. Bd. 1. Baltmannsweiler, 1-66.

Loerwald, Dirk/Wiesweg, Maik/Zoerner, Andreas (Hrsg.) 2008: Ökonomik und Gesellschaft. Festschrift für Gerd-Jan Krol. Wiesbaden.

May, Hermann 2001: Didaktik der ökonomischen Bildung. 3. Aufl. München, Wien.

Ochs, Dietmar/Steinmann, Bodo 1994: Der Beitrag der Ökonomie zu einem sozialwissenschaftlichen Curriculum. In: Kruber (Hrsg.) 1994, 36-43.

Opp, Karl-Dieter: Methodologie der Sozialwissenschaften. Einführung in Probleme ihrer Theoriebildung und praktischen Anwendung. 6. Aufl., Wiesbaden.

Petrik, Andreas 2007: Von den Schwierigkeiten, ein politischer Mensch zu werden. Konzept und Praxis einer genetischen Politikdidaktik. Opladen/Farmington Hills.

Piorkowsky, Michael-Burkhard 2008: Alltags- und lebensökonomische Bildung. In: Hedtke/Weber (Hrsg.) 2008, 34-37.

Piorkowsky, Michael-Burkhard 2009: Lebensweltorientierte Wirtschaftsdidaktik im Vergleich: Lebenssituationen-Qualifikationen-Konzept (LSQ) und Alltags- und Lebensökonomie-Konzept (ALÖ). In: Seeber (Hrsg.) 2009, 49-63.

Pleiß, Ulrich 1994: Konsumentenerziehung. In: Kruber (Hrsg.) 1994, 62-69.

Ptak, Ralf 2004: Vom Ordoliberalismus zur Sozialen Marktwirtschaft. Stationen des Neoliberalismus in Deutschland. Opladen.

Reinhardt, Sibylle 1997: Didaktik der Sozialwissenschaften. Gymnasiale Oberstufe. Sinn, Struktur, Lernprozesse. Opladen.

Retzmann, Thomas 2005: Nationale Standards für die ökonomische Bildung. Theoretische Grundlagen und offene Forschungsfragen. In: Weitz (Hrsg.), 51-72.

Retzmann, Thomas 2008: Von der Wirtschaftskunde zur ökonomischen Bildung. In: Kaminski/Krol (Hrsg.) 2008, 71-90.

Retzmann, Thomas (Hrsg.) 2010: Finanzielle Bildung in der Schule. Mündige Verbraucher durch Konsumentenbildung. Schwalbach/Ts.

Roloff, Ernst-August 1974: Erziehung zur Politik. Eine Einführung in die politische Didaktik. Bd. 1: Sozialwissenschaftliche Grundlagen. Bd. 2: Didaktische Beispielanalysen für die Sekundarstufe I. 3. Aufl. Göttingen.

Sander, Wolfgang (Hrsg.) 2005: Handbuch politische Bildung. Schwalbach/Ts.

Sander, Wolfgang 2010: Soziale Studien 2.0? Politische Bildung im Fächerverbund. In: kursiv – Journal für politische Bildung, 1, 14-16.

Schlösser, Hans Jürgen (Hrsg.) 2001: Stand und Entwicklung der ökonomischen Bildung. Bergisch Gladbach.

Schlösser, Hans Jürgen 2008: Ökonomik und Menschenbild. In: Loerwald/Wiesweg/Zoerner (Hrsg.) 2008, 131-142.

Schlösser, Hans-Jürgen 2009: Experimentelle Ökonomie und Wirtschaftsunterricht. In: Seeber (Hrsg.) 2009, 113-121.

Schmiederer, Rolf 1977: Politische Bildung im Interesse der Schüler. Frankfurt/M.

Seeber, Günther 1997: Moderne Sozioökonomie als Herausforderung für die ökonomische Bildung. In: Kruber (Hrsg.) 1997, 187-210.

Seeber, Günther 2001: Umweltbildung und ökonomische Bildung. Eine Einführung. In: Schlösser (Hrsg.) 2001, 239-251.

Seeber, Günther 2006: Der sozioökonomische Ansatz in der Fachdidaktik am Beispiel Ökologischer Ökonomie. In: Fischer (Hrsg.) 2006, 28-44.

Seeber, Günther (Hrsg.) 2009: Forschungsfelder der Wirtschaftsdidaktik – Herausforderungen, Gegenstandsbereiche, Methoden. Schwalbach/Ts.

Steinmann, Bodo 1982: Erkundungen ökonomischer Realität. Theoretische Grundlegung und schulische Anwendung. Essen.

Steinmann, Bodo 1995: Handlungsorientierte Methoden als unverzichtbares Element ökonomischer Bildung. In: Albers (Hrsg.) 1995a, 151-167.

Steinmann, Bodo 1997: Das Konzept „Qualifizierung für Lebenssituationen" im Rahmen der ökonomischen Bildung heute. In: Kruber (Hrsg.) 1997, 1-22.

Steinmann, Bodo 2008: Lebenssituationsorientierte ökonomische Bildung. In: Hedtke/Weber (Hrsg.) 2008, 209-212.

Weber, Birgit 2005a: Fachdidaktik Ökonomische Bildung. Ludwigsfelde-Struveshof.

Weber, Birgit 2005b: Bildungsstandards, Qualifikationserwartungen und Kerncurricula. Stand und Entwicklungsperspektiven der ökonomischen Bildung. In: Weitz (Hrsg.) 2005, 17-50.

Weber, Birgit 2009: Forschungsfelder der Wirtschaftsdidaktik. In: Seeber (Hrsg.) 2009, 13-27.

Weber, Birgit 2010: Wirtschaftswissen zwischen Bildungsdefiziten und Unsicherheiten. In: Zeitschrift für Didaktik der Gesellschaftswissenschaften 1 (2010) 1, 91-114.

Weinbrenner, Peter 1997. Plädoyer für eine „zukunftsfähige" ökonomische Bildung. In: Kruber (Hrsg.) 1997, 225-262.

Weitz, Bernd O. (Hrsg.) 2005: Standards in der ökonomischen Bildung. Bergisch Gladbach.

Weitz, Bernd O. (Hrsg.) 2006: Kompetenzentwicklung, -förderung und -prüfung in der ökonomischen Bildung. Bergisch Gladbach.

Windolf, Paul 2003: Korruption, Betrug und „Corporate Governance" in den USA. Anmerkungen zu Enron. In: Leviathan 31 (2003) 2, 185-218.

ZDH 2010 = Ökonomische Bildung an allgemeinbildenden Schulen. Bildungsstandards, Standards für die Lehrerbildung. Studie im Auftrag des Gemeinschaftsausschusses der deutschen gewerblichen Wirtschaft unter Vorsitz des ZDH. O.O. (Berlin).

WOCHENSCHAU VERLAG

... ein Begriff für politische Bildung

Kleine Reihe

Weitere Bücher der Reihe

Gotthard Breit
Allein vor der Klasse
Meine erste Stunde im Politikunterricht
978-3-89974569-6, 112 S., € 12,80

Carl Deichmann
Symbolische Politik und politische Symbolik
978-3-89974357-9, 64 S., € 9,80

Carl Deichmann
Leistungsbeurteilung im Politikunterricht
978-3-89974494-1, 60 S., € 9,80

Walter Gagel
Drei didaktische Konzeptionen: Giesecke, Hilligen, Schmiederer
978-3-89974209-1, 48 S., € 9,80

Reinhold Hedtke
Konzepte ökonomischer Bildung
978-3-89974658-7, 96 S., € 12,80

Bernd Janssen
Kreativer Politikunterricht
978-3-89974388-3, 82 S., € 9,80

Bernd Janssen
Methodenorientierte Politikdidaktik
978-3-89974312-8, 56 S., € 9,80

Klaus Kremb
Kompaktwissen Politikdidaktik
978-3-89974624-2, 64 S., € 9,80

Sabine Manzel
Wissensvermittlung und Problemorientierung im Politikunterricht
978-3-89974396-8, 64 S., € 9,80

Michael May
Demokratielernen oder Politiklernen?
978-3-89974397-5, 50 S., € 9,80

Britta Schellenberg
Unterrichtspaket Demokratie und Rechtsextremismus
anhand rechtsextremer Musik
978-3-89974633-4, 80 S., € 12,80

978-3-89974569-6, 112 S., € 12,80

Gotthard Breit

Allein vor der Klasse

Meine erste Stunde im Politikunterricht

Jeder kennt das Gefühl der ersten Unterrichtsstunde. Praxisorientiert erklärt der Autor, was bei der Unterrichtsplanung zu beachten ist. Komprimiert, didaktisch reduziert und übersichtlich: profitieren Sie von der ganzen Erfahrung eines Didaktikers, der sich seit jeher der Praxis des Unterrichts verpflichtet fühlt.

www.wochenschau-verlag.de

WOCHENSCHAU VERLAG
... ein Begriff für politische Bildung

Ökonomie unterrichten

Heinz Jacobs (Hrsg.)
Ökonomie im Schulalltag
Alltagsorientierung, Kompetenzorientierung, Vielfalt und Fachmethodik in der Sekundarstufe I
ISBN 978-3-89974676-1, 80 S.,
€ 16,80 (inkl. DVD)

Judit Csoba, Gunther Graßhoff, Franz Hamburger (Hrsg.)
Soziale Arbeit in Europa
Diskurse der Sozialarbeit, Euroäisierung, soziale Bewegungen und Sozaalstaat
ISBN 978-3-89974957-1, 304 S.,
€ 32,80

Heinz Jacobs (Hrsg.)
Methodenbewusster Ökonomieunterricht
Lernen an Beispielen
ISBN 978-3-89974553-5, 56 S.,
€ 16,80 (inkl. CD-ROM)

Heinz Jacobs (Hrsg.)
Ökonomie spielerisch lernen
Kompetenz gewinnen. Spiele, Rollenspiele, Planspiele, Simulationen und Experimente
ISBN 978-3-89974552-8, 72 S.,
€ 16,80 (inkl. CD-ROM)

www.wochenschau-verlag.de   www.facebook.com/wochenschau.verlag   @wochenschau-ver

A.-Damaschke-Str. 10, 65824 Schwalbach/Ts., Tel.: 06196/86065, Fax: 06196/86060, info@wochenschau-verlag.de

THE MO

I:

Life Full of Desires		
Desire as the Helper, D		
What is Desire		
Origin of Desire	...	9

II: Cure of Desires

A Cure by Satisfaction of Desires	...	11
A Cure by Repression of Desires	...	12
Most Effective Way of Conquering Desires	...	13
How to Resist an Impulse	...	17
When One Willingly Gives up a Desire	...	21
Desires in Children – How to Deal With	...	23

III: Some Explanations

Meaning of "Not to Have Preferences"	...	27
How to Distinguish Between a Necessity and a Desire		31
Difference Between Aspiration and Desire	...	33

IV: Yoga and Desire

Yoga and Desire	...	34
Desireless Action	...	36
Desireless Aspiration	...	38
To Learn of Pure Delight	...	40
A Victory Won in Oneself – Its Effect on the World	...	42

V: Epilogue

Mother's Vision of the Whole	...	43
In Brief	...	48

You have my love and grace and blessings.

But if you are to feel them you must be disciplined, attentive and concentrated; above all you must not listen to any of your desires and fancies.

In life, one must choose between a disordered and useless life of desires and that of an ascent into the light of aspiration and mastery of one's lower nature.

16 June 1971　　　　　　　　　　　　　　　　– The Mother

Life Full of Desires

Sweet Mother, why do some children have the habit of always asking for things?

What things?

Material things, like sweets, everything they see...

Oh, because they are full of desires. They were probably formed with vibrations of desires, and as they have no control over themselves it is expressed freely. Older people are also full of desires, but usually they have a kind of... how do we call it?... they are a little shy of showing their desires or they feel a bit ashamed or perhaps are afraid they will be laughed at; so they don't show them. Well, they too are full of desires. Only children are more simple. When they want something they say so. They don't tell themselves that perhaps it would be wiser not to show this, because they don't yet have this kind of reasoning. But I think, generally speaking, with very few exceptions, that people live in perpetual desires. Only, they don't express them, and sometimes they are ashamed also to acknowledge it to themselves. But it is there, this need of having something... you know, one sees something pretty, it is immediately translated into a desire for possession; and this is one of the things... it is absolutely childish. It is childish and indeed it is ridiculous, because at least ninety times out of a hundred, when the one who had a desire for something possesses it, he doesn't even look at it any longer. It is very rarely that this thing continues to interest him once he has it, whatever the nature of the object.

*

I remember a man who came here a very long time ago, to stand as a candidate for the government. It so happened that he was introduced to me because they wanted my opinion of him, and so he asked me questions about the Ashram and the life we lead here, and about what I considered to be an indispensable discipline for life. This man used to smoke the whole day and drank much more than was necessary, and so he complained, you see, that he was often tired and sometimes could not control himself. I told him, "You know, first of all, you must stop smoking and you must stop drinking." He looked at me with an unbelievable bewilderment and said, "But then, if one doesn't either smoke or drink, it is not worth living!" I told him, "If you are still at that stage, it is no use saying anything more."

And this is much more frequent than one thinks. To us it seems absurd, for we have something else which is of course more interesting than smoking and drinking, but for ordinary men the satisfaction of their desires is the very reason for existence. For them it seems to be an affirmation of their independence and their purpose in life.

☆

When you have a desire you are governed by the thing you desire, it takes possession of your mind and your life, and you become a slave.

Desire as the Helper, Desire as the Bar

When we have passed beyond enjoyings, then we shall have Bliss. Desire was the helper; Desire is the bar.
— Sri Aurobindo (*Thoughts and Glimpses*)

It is obvious that in order to come out of the state of the original inconscience desire was indispensable, for without desire there would have been no awakening to activity. But once you are *born* into consciousness, this very desire which helped you to come out of the inconscience prevents you from liberating yourself from the bonds of matter and rising to a higher consciousness....

> *Sweet Mother, what kind of a state is it in which one has passed beyond all enjoyings?*

Well, it is a desireless state in which one lives – as Sri Aurobindo explains later – in an Ananda which has no cause, which does not depend on any circumstances, inner or outer, which is a permanent state, independent of the circumstances of life, causeless. One is in Ananda because one is in Ananda. And in fact it is simply because one has become aware of the divine Reality.

But one cannot feel the Ananda unless one has become desireless. If one has desires, all one feels is just pleasures and enjoyments, but that is not Ananda. Ananda has an altogether different nature and can only manifest in the being when the desires are abolished. So long as one is a being of desire, one cannot feel the Ananda; even were a force of Ananda to descend, it would immediately be falsified by the presence of desires.

☆

What is Desire

...desire is the most obscure and the most obscuring movement of the lower nature. Desires are motions of weakness and ignorance and they keep you chained to your weakness and to your ignorance. Men have the impression that their desires are born within; they feel as if they come out of themselves or arise within themselves; but it is a false impression. Desires are waves of the vast sea of the obscure lower nature and they pass from one person to another. Men do not generate a desire in themselves, but are invaded by these waves; whoever is open and without defence is caught in them and tossed about. Desire by engrossing and possessing him makes him incapable of any discrimination and gives him the impression that it is part of his nature to manifest it. In reality, it has nothing to do with his true nature. It is the same with all the lower impulses, jealousy or envy, hatred or violence. These too are movements that seize you, waves that overwhelm and invade; they deform, they do not belong to the true character or the true nature; they are no intrinsic or inseparable part of yourself, but come out of the sea of surrounding obscurity in which move the forces of the lower nature. These desires, these passions have no personality, there is nothing in them or their action that is peculiar to you; they manifest in the same way in everyone. The obscure movements of the mind too, the doubts and errors and difficulties that cloud the personality and diminish its expansion and fulfilment, come from the same source. They are passing waves and they catch anyone who is ready to be caught and utilised as their blind instrument. And yet each goes on believing that these movements are part of himself and a precious product of his own free personality. Even we find people clinging to them and their disabilities...

*

Sweet Mother, is desire contagious?

Ah, yes, very contagious, my child. It is even much more contagious than illness. If someone next to you has a desire, immediately it enters you; and in fact it is mainly in this way that it is caught. It passes from one to another... Terribly contagious, in such a powerful way that one is not even aware that it is a contagion. Suddenly one feels something springing up in oneself; someone has gently put it inside. Of course, one could say, "Why aren't people with desires quarantined?" Then we should have to quarantine everybody. (*Mother laughs*)

*

All the desires that have been repressed without being dissolved – and this dissociation can only be obtained after much sound and wide-ranging analysis – seek satisfaction while the will is dormant.

And since desires are true dynamic centres of formation, they tend to organise, within and around us, the combination of circumstances that is most favourable to their satisfaction.

*

If you have a strong desire for something you cannot get, you project your desire outside yourself. It goes off like a tiny personality separated from you and roams about in the world. It will take a little round, more or less large, and returns to you, perhaps when you have forgotten it. People who have a kind of passion, who want something, – that goes out from them like a little being, like a little flame into the surroundings. This little being has its destiny. It roams about in the world, tossed around by other things perhaps. You have forgotten it, but it will never forget that it must bring about that particular result.... For days you tell yourself: "How much I would like to go to that place, to Japan, for instance, and see so many things", and your desire goes out from you; but because desires are very fugitive things, you have forgotten completely this desire you had thrown out with such a force. There are many reasons for your thinking about something else. And after ten years or more, or less, it comes back to you like a dish served up piping hot. Yes, like a piping-hot dish, well arranged. You say: "This does not interest me any longer." It does not interest you ten or twenty years *later*. It was a small formation and it has gone and done its work as it could.

*

...things can come from concealed desires. The desires work in the subconscious and bring things to you which, although you may not recognise them as such, nevertheless do not come from the Divine but from disguised desires.

You can easily know when a thing comes from the Divine. You feel free, you are at ease, you are in peace. But when something presents itself to you and you jump at it and cry out, "Oh, at last I have it", then you can know for certain that it does not come from the Divine.

☆

Origin of Desire

I believe, right at its origin it is an obscure need for growth, as in the lowest forms of life love is changed into the need to swallow, absorb, become joined with another thing. This is the most primitive form of love in the lowest forms of life, it is to take and absorb. Well, the need to take is desire. So perhaps if we went back far enough into the last depths of the inconscience, we could say that the origin of desire is love. It is love in its obscurest and most unconscious form. It is a need to become joined with something, an attraction, a need to take, you see.

Take for instance... you see something which is – which seems to you or is – very beautiful, very harmonious, very pleasant; if you have the true consciousness, you experience this joy of seeing, of being in a conscious contact with something very beautiful, very harmonious, and then that's all. It stops there. You have the joy of it – that such a thing exists, you see. And this is quite common among artists who have a sense of beauty. For example, an artist may see a beautiful creature and have the joy of observing the beauty, grace, harmony of movement and all that, and that's all. It stops there. He is perfectly happy, perfectly satisfied, because he has seen something beautiful. An ordinary consciousness, altogether ordinary, dull like all ordinary consciousness – as soon as it sees somethig beautiful, whether it be an object or a person, hop! "I want it!" It is deplorable, you know. And into the bargain it doesn't even have the joy of the beauty, because it has the anguish of desire.

*

The illusion of a self separate from the whole brings about two tendencies within ourselves.

The first comes from an unconscious need for identification with the whole. But by the very fact of the illusion of personality, each one conceives this identification only as an absorption into himself and seeks more or less to be the centre of this whole. As a result, in proportion to his intellectual or physical strength, each one attempts to draw to himself everything he is conscious of in order to continually increase his personality.

This is the outcome of a desire which is justified in essence – to become conscious of everything – but ignorant in expression, for if a way to become conscious of everything does exist, it certainly does not lie in trying to draw everything to oneself, which is absurd and unrealisable, but in identifying one's consciousness with the consciousness of the whole, which demands the very opposite action and attitude.

The second tendency, which is in fact a normal consequence of the first, is an excessively conservative spirit, a fixity of the whole nature...

Moreover, this fixity comes from the desire to appropriate and the error of believing that we can own something in the universe. We think that the elements we are made of are our own. Consciously or unconsciously, we want to hold on to them for ourselves while at the same time we are quite ready to add to them by drawing other elements to ourselves; but we forget that since there is no real separation, we can receive nothing if we do not give.

☆

The central knot of desires is the sense of separate personality; it is the ego. With the disappearance of the ego, the desires disappear.

A Cure by Satisfaction of Desires

"The mind clinging to its own ideas"![1] ... "The vital preferring its own desires"! And then the mind becomes the accomplice of the vital and gives admirable explanations for keeping the desires by reasoning, explaining, giving justifications also.... I have heard people say that the best way to get rid of desires is to satisfy them. They make a theory of it. You continue to satisfy your desires and then, naturally, you have others, for desires – well, one replaces another very easily, and you continue to satisfy the new ones under the idea that you are going to get cured. That will take you at least a hundred lives!

*

Yielding to desires is not the way of getting rid of them. There is no end to desires – each one which is satisfied is at once replaced by another one and they go on clamouring more and more.

It is only by conquering the desires that you can get rid of them, by coming out of this consciousness of the lower nature and rising to a higher consciousness.

*

[Moreover] it is impossible to satisfy desire perfectly – it is something impossible.

☆

---

[1] Sri Aurobindo wrote that one of the "three fundamental obstacles" which stand in the way of transformation is "Egoism – the mind clinging to its own ideas, the vital preferring its own desires to a true surrender, the physical adhering to its own habits."

A Cure by Repression of Desires

Desire belongs to the vital domain but at the core of this desire there is always a thought, and the desire becomes all the more active and dynamic when it holds in itself the power of mental formation and the power of vital realisation. The vital is the centre of dynamism of the being, of active energy, and the two combined make something very strong which has a considerable tendency towards realising itself – besides, everything in the universe tends towards manifestation, and things which are prevented from manifesting lose, by that very fact, their force and capacity. Most of the methods aiming at self-control have indeed made use of repression, of the suppression of movements with the idea that if one continues this suppression long enough, one succeeds in killing the element that is not wanted. This would be quite true if it were a question only of the physical world, but behind the physical world there is the subconscious world and behind the subconscious world there lies the immensity of the Inconscient. And what you do not know is this that unless you destroy within you the desire itself, that is, the seed of the formation, this formation which you are preventing from manifesting is so to say repressed in the subconscious – driven down and repressed right at the bottom – and if you go and search in the subconscious you will find that it is waiting there to do its work. That is why so many people who have for years and years been able to control an unwanted movement are suddenly taken by surprise when this movement rushes up from below with all the greater force the longer it has been repressed.

☆

Most Effective Way of Conquering Desires

Usually all education, all culture, all refinement of the senses and the being is one of the best ways of curing instincts, desires, passions. To eliminate these things does not cure them; to cultivate, intellectualise, refine them, this is the surest means of curing. To give the greatest possible development for progress and growth, to acquire a certain sense of harmony and exactness of perception, this is a part of the culture of the being, of the education of the being. It is like the people who cultivate their intelligence, who learn, read, think, compare, study. These people's minds widen and they are much vaster and more understanding than those who live without mental education, with a few petty ideas which sometimes are even contradictory in their consciousness and govern them totally because these are the only ones they have and they think these are unique ideas which should guide their life; these people are altogether narrow and limited whereas those who are trained and have studied – this at least widens their minds and they can see, compare ideas and see that all possible ideas are there in the world and that it is a pettiness, an absurdity to be attached to a limited number of ideas and consider them the exclusive expression of truth.

Education is certainly one of the best means of preparing the consciousness for a higher development.

*

Sweet Mother, what is the most effective way of overcoming desires and attachments: to cut them

13

> *off all at one stroke, even at the risk of breaking down, or to advance slowly and surely by eliminating them carefully one by one?*

Both these ways are equally ineffective. The normal result of both these methods is that you deceive yourself, you delude yourself that you have overcome your desires, whereas at best you are merely sitting on them – they remain repressed in the subconscient until they explode there and cause an upheaval in the whole being.

It is from *within* that you must become master of your lower nature by establishing your consciousness firmly in a domain that is free of all desire and attachment because it is under the influence of the divine Light and Force. It is a long and exacting labour which must be undertaken with an unfailing sincerity and a tireless perseverance.

*

Buddha said with reason that as long as you have in you a vibration of desire, this vibration will spread in the world and all those who are ready to receive it will receive it. In the same way, if you have in you the least receptivity to a vibration of desire, you will be open to all the vibrations of desire which circulate constantly in the world. And that is why he concluded: Get out of this illusion, withdraw entirely and you will be free. I find this relatively very selfish, but after all, that was the only way he had foreseen. There is another: to identify oneself so well with the divine Power as to be able to act constantly and consciously upon all vibrations circulating through the world. Then the undesirable vibrations no longer have any effect upon you, but you have an effect upon them, that is, instead of an undesirable vibration entering into you without being perceived and doing its work there, it is perceived and immediately on its arrival you act upon it to transform it, and it goes back into the world transformed, to do its beneficent work and prepare others for the same realisation. This is exactly what Sri Aurobindo proposes to do and, more clearly, what he asks you to do, what he intends us to do:

Instead of running away, to bring into oneself the power which can conquer.

Note that things are arranged in such a way that if the tiniest atom of ambition remained and one wanted this Power for one's personal satisfaction, one could never have it, that Power would never come.

*

> *Can the protective envelope[1] also feel the waves of desire, the impulsions from others, etc.?*

You mean whether the protective envelope of which I spoke from a physical point of view can serve also from a moral, a psychological point of view? It is not the same envelope, it is another domain. A man may have this subtle-physical envelope quite intact and it may work marvellously to protect him from all illnesses and accidents, and yet at the same time he may be full of desires, because desires belong to another sphere. Desire is not a physical thing, desire is something vital, and this envelope is more material than the vital: it cannot prevent

---

[1] A layer of the being that surrounds and protects the body. This subtler layer is called in different teachings by various names, – the etheric body, the nervous envelope. (*CWM Vol. 3, p. 89*)

the vital from entering into contact with the vital world and receiving from there all its impulses. Naturally he who has mastered himself, who has found his psychic being, who lives constantly in the consciousness of this psychic being, who has established a perfect relation or at least a constant relation with the inner divine Presence is enveloped in an atmosphere of knowledge, light, beauty, purity, which is the best of all protections against desires, but all the same it is possible for desire to intrude if one is not always on one's guard, because we say that it comes from outside. One may have overcome a desire within oneself, and yet it may come from outside as a contagion; but through this envelope of light, knowledge and purity, the desire loses its force and instead of coming like a movement which evokes a blind and immediate response, one perceives what is happening, becomes aware of the force which wants to enter and one can quietly – when it is not wanted – make an inner movement and reject the incoming desire. This is the only true defence: a wakeful consciousness, pure and alert, so to say, which does not sleep, does not let things enter without being aware of them. The worst thing is that people are quite unconscious and that it is only after the contagion has entered that they notice it, and it is a little late to react – it is not impossible, but it is more difficult – while if one sees it coming, if in the surrounding atmosphere it comes making a kind of little black mark, one can chase it off as one would something disagreeable. But the protective envelope on the material plane has no effect in this instance.

☆

How to Resist an Impulse

A desire, a passion is a very living thing and continues to live for a very long time, even independently of the being who... undergoes them, I might say, rather than creates them, because they are things that one undergoes, that rush upon you from outside like a storm that seizes you and carries you away, unless you keep very calm like that, very still, very quiet, as though one were clinging to something solid and immobile in oneself, allowing the storm to pass over when it begins to blow – it blows, but one must not stir, one must not let oneself tremble or shiver or shake; one must remain altogether immobile and know that these are passing storms. And when the storm has blown over, it passes and goes away; then one can heave a deep breath and resume one's normal balance; and there has been only a minimum destruction. In such cases, generally, things turn out well in the end.

But those who are like a piece of cork on water and rush about in all directions and do not succeed in recovering their poise and watching themselves, are liable to any occurrence. They may be drawn into a whirlpool all of a sudden and lo! engulfed. And there remains nothing....

The mind never has sufficient strength to check them. For the mind is an instrument made to see all things from all sides. Then how can you expect to have a will strong enough to resist an impulse when the mind looks at it first from this side and then from that side? And then it says: "After all, it is like that and why should it not be like that?" And so, where is your will?...

As I said there,[1] it always finds a way to explain everything, justify everything and give admirable reasons for all things.

It is only the psychic being that has the strength to intervene. If your mind is in contact with your psychic being, if it receives the influence of the psychic being, then it is strong enough to organise the resistance. It knows what the true thing is and what the false; and knowing what the true thing is, if it has the goodwill, it will organise the resistance, give battle and gain the victory. But that is the only condition: it must be in contact with the psychic being.

For even the most beautiful theories, even if one knows mentally many things and holds admirable principles, that is not sufficiently strong to create a will capable of resisting an impulse. At one time you are quite determined, you have decided that it would be thus – for example, that you would not do such a thing: it is settled, you will not do it – but how is it that suddenly (you do not know how or why nor what has happened), you have not decided anything at all! And then you immediately find in yourself an excellent reason for doing the thing.... Among others, there is a certain kind of excuse which is always given: "Well, if I do it this time, at least I shall be convinced that it is very bad and I shall do it no longer and this will be the last time." It is the prettiest excuse one always gives to oneself: "This is the last time I am doing it.

---

[1] "This physical mind is usually in a kind of alliance with the lower vital consciousness and its movements; when the lower vital manifests certain desires and impulses, the more material mind comes to its aid and justifies and supports them with specious explanations and reasonings and excuses."

Questions and Answers 1929 (26 May)

This time, I am doing it to understand perfectly that it is bad and that it must not be done and I shall not do it any more. This is the last time." Every time, it is the last time! and you begin again.

Of course there are some who have less clear ideas and who say to themselves: "After all, why don't I want to do it? These are theories, they are principles that might not be true. If I have this impulse, what is it that tells me that this impulse is not better than a theory?..." It is not for them the last time. It is something they accept as quite natural.

Between these two extremes there are all the possibilities. But the most dangerous of all is to say: "Well, I am doing it once more this time, that will purify me of this. Afterwards I shall no longer do it." Now the purification is never enough!

It happens only when you have decided: "Well, this time, I am going to try not to do it, and I shall not do it, I shall apply all my strength and I shall not do it." Even if you have just a little success, it is much. Not a big success, but just a small success, a very partial success: you do not carry out what you yearn to do; but the yearning, the desire, the passion is still there and that produces whirls within, but outside you resist, "I shall not do it, I shall not move; even if I have to bind myself hand and foot, I shall not do it." It is a partial success – but it is a great victory because, due to this, next time you will be able to do a little more. That is to say, instead of holding all the violent passions within yourself, you can begin calming them a little; and you will calm them slowly at first, with difficulty. They will remain long, they will come back, they will trouble you, vex you, produce in you a great disgust, all that, but if you resist well and say: "No, I shall carry out nothing; whatever the cost, I shall not carry out anything; I will stay like a rock", then little by little, little by little, that thins out, thins out and you begin to learn the second attitude: "Now I want my consciousness to be above those things. There will still be many battles but if my consciousness stands above that, little by little there will come a time when this will return no longer." And then there is a time when you feel that you are absolutely free: you do not even perceive it, and then that is all. It may take a long time, it may come soon: that depends on the strength of character, on the sincerity of the aspiration. But even for people who have just a little sincerity, if they subject themselves to this process, they succeed. It takes time. They succeed in the first item: in not expressing. All forces upon earth tend towards expressing themselves. These forces come with the object of manfesting themselves and if you place a barrier and refuse expression, they may try to beat against the barrier for a time, but in the end, they will tire themselves out and not being manifested, they will withdraw and leave you quiet.

So you must never say: "I shall first purify my thought, purify my body, purify my vital and then later I shall purify my action." That is the normal order, but it never succeeds. The effective order is to begin from the outside: "The very first thing is that I do not do it, and afterwards, I desire it no longer and next I close my doors completely to all impulses: they no longer exist for me, I am now outside all that." This is the true order, the order that is effective. First, not to do it. And then you will no longer desire and after that it will go out of your consciousness completely.

☆

When One Willingly Gives up a Desire

The Buddha has said that there is a greater joy in overcoming a desire than in satisfying it. It is an experience everybody can have and one that is truly very interesting, very interesting.

There was someone who was invited – it happened in Paris – invited to a first-night (a first-night means a first performance) of an opera of Massenet's. I think... I don't remember now whose it was. The subject was fine, the play was fine, and the music not displeasing; it was the first time and this person was invited to the box of the Minister of Fine Arts who always has a box for all the first nights at the government theatres. This Minister of Fine Arts was a simple person, an old country-side man, who had not lived much in Paris, who was quite new in his ministry and took a truly childike joy in seeing new things. Yet he was a polite man and as he had invited a lady he gave her the front seat and himself sat at the back. But he felt very unhappy because he could not see everything. He leaned forward like this, trying to see something without showing it too much. Now, the lady who was in front noticed this. She too was very interested and was finding it very fine, and it was not that she did not like it, she liked it very much and was enjoying the show; but she saw how very unhappy that poor minister looked, not being able to see. So quite casually, you see, she pushed back her chair, went back a little, as though she was thinking of something else, and drew back so well that he came forward and could now see the whole scene. Well, this person, when she drew back and gave up all desire to see the show, was filled with a sense of inner joy, a liberation from all attachment to things and a kind of peace, content to have done something for somebody instead of having satisfied herself, to the extent that the evening brought her infinitely greater pleasure than if she had listened to the opera. This is a true experience, it is not a little story read in a book, and it was precisely at the time this person was studying Buddhist discipline, and it was in conformity with the saying of the Buddha that she tried this experiment.

And truly this was so concrete an experience, you know, so real that... ah, two seconds later, you see, the play, the music, the actors, the scene, the pictures and all that were gone like absolutely secondary things, completely unimportant, while this joy of having mastered something in oneself and done something not simply selfish, this joy filled all the being with an incomparable serenity – a delightful experience... Well, it is not just an individual, personal experience. All those who want to try can have it.

There is a kind of inner communion with the psychic being which takes place when one willingly gives up a desire, and because of this one feels a much greater joy than if he had satisfied his desire. Besides, most usually, almost without exception, when one satisfies a desire it always leaves a kind of bitter taste somewhere.

There is not one satisfied desire which does not give a kind of bitterness; as when one has eaten too sugary a sweet it fills your mouth with bitterness. It is like that. You must try sincerely. Naturally you must not pretend to give up desire and keep it in a corner, because then one becomes very unhappy. You must do it sincerely.

☆

Desires in Children — How to Deal With

Sweet Mother, how can we help a child to come out of this habit of always asking?

There are many ways. But first of all you must know whether you will not just stop him from freely expressing what he thinks and feels. Because this is what people usually do. They scold, even sometimes punish him; and so the child forms the habit of concealing his desires. But he is not cured of them. And you see, if he is always told, "No, you won't have that", then, simply, this state of mind gets settled in him: "Ah, when you are small, people don't give you anything! You must wait till you are big. When I am big I shall have all that I want." That's how it is. But this does not cure them. It is very difficult to bring up a child. There is a way which consists in giving him all he wants; and naturally, the next minute he will want something else, because that's the law, the law of desire: never to be satisfied. And so, if he is intelligent, one can tell him. "But you see, you insisted so much on having this and now you no longer care for it. You want something else." Yet if he was very clever he would answer, "Well, the best way of curing me is to give me what I ask for."

Some people cherish the idea all their life. When they are told that they should overcome their desires, they say, "The easiest way is to satisfy them." This kind of logic seems impeccable. But the fact is that it is not the object desired that has to be changed, it is the impulse of desire, the movement of desire. And for this a great deal of knowledge is needed, and this is difficult for a very young child.

It is difficult. Indeed, they don't have the capacity for reasoning; one can't explain things to them, because they don't understand the reasons. So you see, when it is like that the parents usually tell the child, "Keep quiet, you are a nuisance!" In this way they get out of the difficulty. But this is no solution. It is very difficult. It asks for a sustained effort and an unshakable patience. Some people are like that all their life; they are like babies throughout their existence and it is impossible to make them see reason. As soon as one tells them that they are not reasonable and that one can't all the time be giving them things to satisfy their desires, they simply think, "These people are unpleasant. This person is not nice." That's all.

In fact, perhaps one should begin by shifting the movement to things which it is better to have from the true point of view, and which it is more difficult to obtain. If one could turn this impulsion of desire towards a... For example, when a child is full of desires, if one could give him a desire of a higher kind – instead of its being a desire for purely material objects, you understand, an altogether transitory satisfaction – if one could awaken in him the desire to know, the desire to learn, the desire to become a remarkable person... in this way, begin with that. As these things are difficult to do, so, gradually, he will develop his will for these things. Or even, from the material point of view, the desire to do something difficult, as for example, construct a toy which it is difficult to make – or give him a game of patience which requires a great deal of perseverance.

If one can orient them – it requires much discernment,

much patience, but it can be done – and if one can orient them towards something like this, to succeed in very difficult games or to work out something which requires much care and attention, and can push them in some line like this so that it exercises a persevering will in them, then this can have results: turn their attention away from certain things and towards others. This needs constant care and it seems to be a way that's most – I can't say the easiest, for it is certainly not easy – but the most effective way. To say "No" does not cure and to say "Yes" does not cure either; and sometimes it becomes extremely difficult also, naturally.

I knew people, for example, whose children wanted to eat everything they saw. They were allowed to do it. So they fell very ill. After that, they felt disgusted. But this is a little risky, isn't it? There are children who fidget with everything. Now, one day, you see, one child got hold of a box of matches. Then, instead of telling him, "Don't touch it", they let him do it: he burnt himself. He never touched them again.

But it is a little dangerous, because some children are altogether unconscious and very bold in their desires: for example, those who like to walk on the edge of a wall or the top of a roof or have the desire to plunge into water when they see it or to dive into a river... you see, this becomes sometimes very difficult... or those who have the mania for crossing the street: each time they see a car coming... they try to cross it. So if they are allowed to do so, the experience may one day be fatal....

It is a very difficult problem. There was someone who had ideas like this, on freedom in education and who made theories to tell me that individual freedom should be respected to the extent of never making use of past experience for new people, and that we ought to leave them to make all their experiments themselves. This goes very far and they criticised me very much because I was trying to prevent accidents. So they told me, "You are absolutely wrong in preventing them." So I said, "But if someone dies?" – "Well, it means he had to die. You have no right to intervene in their destiny and the freedom of their development. They want to commit stupidities, let them do stupid things. When they realise that these are stupidities, they won't do them." And there are cases in which one is sure never to do it again, because one has gone beyond the limit.

It is a very difficult problem, if one wants to make a theory of it. But each case is absolutely different and asks for a different procedure. And in fact, if one truly wanted to give the best education to a child, well, one would have to spend all his time on it. One could not do anything else, because, even considering that one should not watch over him visibly, in order to do the right thing at the right time, one should always observe him, even without his knowing it. One would not be able to do anything else.

So, probably, one needs to find a middle term between the two, between the two extremes: that of watching over him all the time and that of leaving him absolutely free to do what he likes, without even warning him against the accidents which are likely to occur. An adjustment to make every minute! Difficult.

☆

Meaning of "Not to Have Preferences"

Here is a question I have been asked – it seems many people are asking themselves the same thing! I am going to read to you what is written, then I shall speak to you afterwards. It looks so convincing, this question!

> *"How should we understand 'not to have preferences'? Shouldn't we prefer order to disorder, cleanliness to dirt, etc.? Not to have preferences – does it mean treating everybody in the same way?"*

Now, here is my answer: this is playing on words! What you call preference, I call choice. You must be in a perpetual state of choice; at every minute of your life you must make a choice between what drags you down and what draws you up, between what makes you progress and what makes you go backwards; but I do not call this having preferences, I call this making a choice – making a choice, choosing. At every minute one has to choose, this is indispensable, and infinitely more so than choosing once for all between cleanliness and dirt, whether moral or physical. The choice: at every second the choice is before you, and you may take a step downward or a step upward, take a step backward or a step forward; and this state of choice must be constant, perpetual, you must never fall asleep. But this is not what I call having preferences. Preferences – this means precisely not choosing. There is something for which you feel sympathy or antipathy, repulsion or attraction, and blindly, without any reason, you become attached to this thing; or

27

else, when you have a problem to solve, you prefer the solution of this problem or this difficulty to be of one particular kind or another. But that is not at all choosing – don't you see, what the truest thing is doesn't come into question, it is a matter of having a preference. For me the meaning of the word is very clear: a preference is something blind, an impulse, an attachment, an unconscious movement which is usually terribly obstinate.

You are placed in certain circumstances; one thing or another may happen, and you yourself have an aspiration, you ask to be guided, but within you there is something which prefers the answer to be of a certain kind, the indication to be a particular one, or the event to come about in one way rather than another; but all this is not a question of choice, it is a preference. And when the answer to your aspiration or prayer is not in accord with your desire, this preference makes you feel unhappy, you find it difficult to accept the answer, you must fight to accept it; whereas if you had no preferences, whatever the answer to your aspiration, when it comes, you cling to it joyfully, spontaneously with a sincere *élan*. Otherwise you are compelled to make an effort to accept what comes, the decision which comes in answer to your aspiration; you wish, desire, prefer things to be like this and not like that. But that, indeed, is not a choice. The choice is there at every minute; every minute you are faced with a choice: the choice to climb up or go down, the choice to progress or go backwards. But this choice does not imply that you prefer things to be like this or like that; it is a fact of every moment, an *attitude* you take.

Choice means a decision and an action. Preference is a desire. A choice is made and *ought* to be made, and if it is truly a choice, it is made without care for the consequences, without expecting any result. You choose; you choose according to your inner truth, your highest consciousness; whatever happens does not touch you, you have made your choice, the true choice, and what comes about is not your concern. While, on the contrary, if you have preferences, you will choose through preference in one way or another, your preference will distort your choice: it will be calculation, bargaining, you will act with the idea that a particular thing must happen because this is what you prefer and not because that is the truth, the right thing to do. Preference is attached to the result, acts with a view to the result, wishes things to be in a particular way and acts to bring about its wish; and so this opens the door to all kinds of things. Choice is independent of the result. And certainly, at every minute you can choose, you are faced with the necessity of choosing at every second. And you do not choose really well, in all sincerity, unless it is the truth of the choice which interests you, and not the result of your choice. If you choose with the result in view, that falsifies your choice....

As for treating everybody in the same way, it is a worse confusion still! It is the kind of confusion one makes when one says that the Divine must treat everybody in the same way. So it would not be worth the trouble to have diversity in the world, not worth the trouble of not having two identical individuals; for this contradicts the very principle of diversity.

You may – or you ought to if you can't – aspire to have the same deep attitude of understanding, unity, love, perfect compassion for all that is in the universe; but this very attitude will be applied to each case in a different way, according to the truth of that case and its necessity. What could be called the motive or rather the origin of the action is the same, but the action may even be totally and diametrically opposite in accordance with the case and the deeper truth of each case. But for that, precisely, one must have the highest attitude, the most profound, the most essentially true, that which is free from all outer contingencies. Then one can see at every minute not only the essential truth but also the truth of the action; and in each case it is different. And yet, what we may call "feeling" – though this is an inadequate word – or the state of consciousness in which one acts, is essentially the same.

But this cannot be understood unless one enters the essential depth of things and sees them from the highest summits. And then it is like a centre of light and consciousness high enough or deep enough to be able to see all things at the same time, not only in their essence but in their manifestation; and although the centre of consciousness is one, the action will be as diverse as the manifestation is diverse: it is the realisation of the divine Truth in its manifestation. Otherwise it would be doing away with all the diversity of the world and bringing it back to the essential unmanifest Oneness, for it is only in the non-manifestation that the One is manifested as the One. But as soon as one enters the manifestation, the One manifests as the multiplicity, and multiplicity implies a multitude of actions and ways.

So, to sum up: the choice must be made without care for the consequences, and the action must be performed in accordance with the truth of the multiplicity in the manifestation.

☆

How to Distinguish Between a Necessity and a Desire

It is very difficult to find the borderland between a true need and a desire (the yogic ideal, of course, is never to have any need, and therefore not to want anything), but this essay[1] is written for all men of goodwill who try to know themselves and control themselves. And there we really face a problem which compels an extraordinary sincerity, for the very first way in which the vital meets life is through desire – and yet, there are necessities. But how to know if things are really necessary, not desired?... For that you must observe yourself very, very attentively, and if there is anything in you which produces something like a small intense vibration, then you may be sure that there lies a desire. For example, you say, "This food is necessary for me" – you believe, you imagine, you think that you need such and such a thing and you find the necessary means to obtain the thing. To know if it is a need or a desire, you must look at yourself very closely and ask yourself, "What will happen if I cannot get the thing?" Then if the immediate answer is, "Oh, it will be very bad", you may be sure that it is a matter of desire. It is the same for everything. For every problem you draw back, look at yourself and ask, "Let us see, am I going to have the thing?" If at that moment something in you jumps up with joy, you may be certain there is a desire. On the other hand, if something tells you, "Oh, I am not going to get it", and you feel very depressed, then again it is a desire.

If the vital is not to deceive you, you must not only be

[1] The Science of Living (Cent. Ed. Vol. 12, pp. 3-8)

very mindful but your sincerity must also be almost miraculous – it is not to discourage you that I have used the word "miraculous"; on the contrary, it is in order to give you a greater aspiration for sincerity.

*

Now there are people who always take their desires for their needs, ...they form the great majority. They are convinced that without this or that one cannot live: "It is impossible, one can't live without that... I shall fall ill or something very unpleasant will happen to me or I shall not be able to do my work. It is impossible, if I don't have this I can't do my work." So, the first step for these people is to try a small experiment (if they are sincere): "Well, I won't have this thing and we are going to see what happens." This is a very interesting experiment. And I can guarantee that 999 times out of a thousand, after a few days one asks oneself, "But why the devil did I think I had such a great need of this thing, I can do without it very well!" There you are. And like this, little by little, one makes progress.

It is a question of training – educating oneself. The sooner one begins, the easier it is. When one begins very young, it becomes very easy, for one gets accustomed to one's inner reactions and so can act with wisdom and discernment – whereas for those who are accustomed from their childhood to take all their desires for needs or necessities, and have flung themselves into them with passionate zeal, the road is much more difficult, because first they must acquire discernment and distinguish a desire from what it is not...

☆

Difference Between Aspiration and Desire

In aspiration there is what I might call an unselfish flame which is not present in desire. Your aspiration is not a turning back upon self – desire is always a turning back upon oneself. From the purely psychological point of view, aspiration is a self-giving, always, while desire is always something which one draws to oneself; aspiration is something which gives itself, not necessarily in the form of thought but in the movement, in the vibration, in the vital impulse.

*

When one has had a true aspiration, unselfish and sincere, one cannot even ask the question any more; for the vibration of aspiration, luminous and calm, has nothing to do with the vibration of desire, which is passionate, dark and often violent.

*

> *How can we know that our acts, our thoughts and our aspirations are not tainted by vital desire, though they may seem right to our common sense?*

It is a question of *inner sincerity*. Common sense is not a judge because it is a mental function of a rather inferior order.

Moreover, there is a very simple way of knowing. One has only to imagine that the thing one wants to do will not be done, and if this imagination creates the least uneasiness, then one can be sure of the presence of desire.

☆

Yoga and Desire

Yoga in its process of purification will lay bare and throw up all hidden impulses and desires in you. And you must learn not to hide things nor leave them aside, you have to face them and conquer and remould them. The first effect of Yoga, however, is to take away the mental control, and the hungers that lie dormant are suddenly set free, they rush up and invade the being. So long as this mental control has not been replaced by the Divine control, there is a period of transition when your sincerity and surrender will be put to the test. The strength of such impulses as those of sex lies usually in the fact that people take too much notice of them; they protest too vehemently and endeavour to control them by coercion, hold them within and sit upon them. But the more you think of a thing and say, "I don't want it, I don't want it", the more you are bound to it. What you should do is to keep the thing away from you, to dissociate from it, take as little notice of it as possible and, even if you happen to think of it, remain indifferent and unconcerned.

The impulses and desires that come up by the pressure of Yoga should be faced in a spirit of detachment and serenity, as something foreign to yourself or belonging to the outside world. They should be offered to the Divine, so that the Divine may take them up and transmute them.

*

One cannot overcome one's desires by making oneself weak but only in strength, balance and peace.

*

The moral notion goes so far as to say that there are good desires and bad desires and calls on you to accept the one and reject the other. But the spiritual life demands that you should reject desire altogether. Its law is that you must cast aside all movements that draw you away from the Divine. You must reject them, not because they are bad in themselves, – for they may be good for another man or in another sphere, – but because they belong to the impulses or forces that, being unillumined and ignorant, stand in the way of your approach to the Divine. All desires, whether good or bad, come within this description; for desire itself arises from an unillumined vital being and its ignorance. On the other hand you must accept all movements that bring you into contact with the Divine. But you accept them, not because they are good in themselves, but because they bring you to the Divine. Accept then all that takes you to the Divine. Reject all that takes you away from it, but do not say that this is good and that is bad or try to impose your outlook on others; for, what you term bad may be the very thing that is good for your neighbour who is not trying to realise the Divine Life.

*

... if in your conception of Yoga you keep the idea of progress, and if you admit that the whole universe follows a progression, then what you have to do is to shift the objective of desire; instead of turning it towards things that are external, artificial, superficial and egoistical, you must join it as a force of realisation to the aspiration directed to the truth.

☆

Desireless Action

Sweet Mother, it is written here: "In the path of works action is the knot we have first to loosen."
(Sri Aurobindo, *The Synthesis of Yoga*, p. 94)
Why is action a knot?

Because one is attached to action. The knot is the knot of the ego. You act because of desire. Sri Aurobindo says this, doesn't he? The ordinary way of acting is tied to desire in one form or another – a desire, a need – so that is the knot. If you act only to satisfy desire – a desire which you call a need or a necessity or anything else, but in truth, if you go to the very root of the thing, you see that it is the impulse of a desire which makes you act – well, if you act only under the effect of the impulse of desire, you will no longer be able to act when you eliminate the desire.

And this is the first answer people give you. When they are told, "Act without being attached to the result of action, have this consciousness that it is not you who are acting, it is the Divine who is acting", the reply which ninety-nine and a half per cent give is, "But if I feel like that, I don't move any longer! I don't do anything any more; it is always a need, a desire, a personal impulse which makes me act in one way or another." So Sri Aurobindo says, if you want to realise this teaching of the Gita, the first thing to do is to loosen this knot, the knot binding action to desire – so firmly tied are they that if you take away one you take away the other. He says the knot must be loosened in order to be able to remove desire and yet continue to act.

And this is a fact, this is what must be done. The knot must be loosened. It is a small inner operation which you can very easily perform; and when it has been performed, you realise that you act absolutely without any personal motive, but moved by a Force higher than your egoistic force, and also more powerful. And then you act, but the consequences of action no longer return upon you.

This is a wonderful phenomenon of consciousness, and quite concrete. In life you do something – whatever you do, good, bad, indifferent, it doesn't matter – whatever it may be, it immediately has a series of consequences. In fact you do it to obtain a certain result, that is why you act, with an eye to the result. For example, if I stretch out my hand like this to take the mike, I am looking for the result, you see, to make sounds in the mike. And there is always a consequence, always. But if you loosen the knot and let a Force coming from above – or elsewhere – act through you and make you do things, though there are consequences of your action, they don't come to you any longer, for it was not you who initiated the action, it was the Force from above. And the consequences pass above, or else they are guided, willed, directed, controlled by the Force which made you act. And you feel *absolutely* free, nothing comes back to you of the result of what you have done.

There are people who have had this experience – but these things come first in a flash, for a moment, and then withdraw; it is only when one is quite ready for the transformation that this comes and is established...

☆

Desireless Aspiration

> "Aspire for the rest of the divine consciousness, but with a calm and deep aspiration. It can be ardent as well as calm, but not impatient, restless or full of rajasic eagerness."
>
> (Sri Aurobindo, *Bases of Yoga*)

... what Sri Aurobindo speaks about here is truly an aspiration, it is about someone who aspires for the spiritual life but with a vehement passion; and naturally this upsets everything. Besides, the result he obtains – if he does obtain a result at all – is very mixed; and it is muddy, as he says, altogether impure, ordinary. We must not confuse what he calls "rajasic eagerness" with intensity, because intensity can be very vast, very calm and very pure and give a considerable strength to the aspiration. But this has nothing to do either with a rajasic movement or with desire.

And, to take an example, you can understand it in this way: if you have an aspiration, say, suddenly you think of the possibility of progress and have an aspiration for progress; but if a desire is mixed with your aspiration, you will have the desire to progress for the powers this will give you or the importance it will give you or the improvement in your living conditions. You go and immediately mix all kinds of little very personal reasons with your aspiration. And to tell the truth, very few people have a very pure aspiration. An aspiration, a will to progress, just that; it stops there. Because one aspires for progress and then, there we are, let us not go farther. We want progress. But usually there get mixed up with it all kinds of desires for the results of this progress. And so desire comes in, you see; this brings exactly what he says, a consciousness which is impure and muddy, and inside this nothing higher can come. This must be completely eliminated to begin with. If one looks at himself very sincerely, very straightforwardly and very severely, he very quickly perceives that very few things, very few movements of consciousness are free from being mixed with desires. Even in what you take for a higher movement, there is always... no, happily not always, but most often there is a desire mixed. The desire of the sense of one's importance, if only this, that kind of self-satisfaction, the satisfaction of being someone superior.

This is of course much better than those who want to become yogis in order to astound their neighbours and exercise authority over others, and so that others may be full of admiration and of respect for them. How many things are truly *pure*? Pure aspiration? You must have already attained a very high level, that level I spoke of, on which one can look at himself with a smile, a slightly ironic smile, and have the feeling that he was so small, so small, so small, so petty, so *insignificant* and so *foolish*. After that things go better. But for what a *long* time *all* the movements are always turned back upon themselves! You start off in a sweep, as though you were springing forward in front of this universe, and you turn back upon yourself, expecting a small result, a small satisfaction, a very tiny satisfaction, even if it be just your own estimation: "Oh, what a fine aspiration I had!"

There you are.

☆

To Learn of Pure Delight

Delight is the secret. Learn of pure delight and thou shalt learn of God.

(Sri Aurobindo, *Thoughts and Glimpses*)

How can one "learn of pure delight"?

First of all, to begin with, one must through an attentive observation grow aware that desires and the satisfaction of desires give only a vague, uncertain pleasure, mixed, fugitive and altogether unsatisfactory. That is usually the starting-point.

Then, if one is a reasonable being, one must learn to discern what is desire and refrain from doing anything that may satisfy one's desires. One must reject them without trying to satisfy them. And so the first result is exactly one of the first observations stated by the Buddha in his teaching: there is an infinitely greater delight in conquering and eliminating a desire than in satisfying it. Every sincere and steadfast seeker will realise after some time, sooner or later, at times very soon, that this is an absolute truth, and that the delight felt in overcoming a desire is incomparably higher than the small pleasure, so fleeting and mixed, which may be found in the satisfaction of his desires. That is the second step.

Naturally, with this continuous discipline, in a very short time the desires will keep their distance and will no longer bother you. So you will be free to enter a little more deeply into your being and open yourself in an aspiration to... the Giver of Delight, the divine Element, the divine Grace. And if this is done with a sincere self-giving – something that gives itself, offers itself and expects nothing in exchange for its offering – one will feel that kind of sweet warmth, comfortable, intimate, radiant, which fills the heart and is the herald of Delight.

After this, the path is easy....

It [true Delight] does not depend on outer circumstances, does not depend on a more or less favourable state, it does not depend on anything: it is a communion with the *raison d'être* of the universe.

*

But Delight without detachment would be a very dangerous gift which could very easily be perverted. So, to seek Delight before having acquired detachment does not seem to be very wise. One must first be above all possible opposites: indeed, above pain and pleasure, suffering and happiness, enthusiasm and depression. If one is above all that, then one may safely aspire for Delight.

But as long as this detachment is not realised, one can easily confuse Delight with an exalted state of ordinary human happiness, and this would not at all be the true thing nor even a perversion of the thing, for the nature of the two is so different, almost opposite, that you cannot pass from one to the other. So, if one wants to be safe on the path, it seems to me that to seek for peace, for perfect calm, perfect equality, for a widening of the consciousness, a vaster understanding and liberation from all desire, all preference, all attachment, is certainly an indispensable preliminary condition.

It is the guarantee of both inner and outer equipoise.

☆

A Victory Won in Oneself – Its Effect On the World

If through an effort of inner consciousness and knowledge, you can truly overcome in yourself a desire, that is to say, dissolve and abolish it, and if through inner goodwill, through consciousness, light, knowledge, you are able to dissolve the desire, you will be, first of all in yourself personally, a hundred times happier than if you had satisfied this desire, and then it will have a marvellous effect. It will have a repercussion in the world of which you have no idea. It will spread forth. For the vibrations you have created will continue to spread. These things grow larger like the snowball. The victory you win in your character, however small it be, is one which can be gained in the whole world. And it is this I meant just now: all things which are done outwardly without changing the inner nature – hospitals, schools, etc. – are done through vanity, for the feeling of being great, whilst these small unnoticed things overcome in oneself gain an infinitely greater victory, though the effects are hidden....

If you really want to do something good, the best thing you can do is to win your small victories in all sincerity, one after another, and thus you will do for the world the maximum you are able to....

It will not change the whole world. For your victory is too small for the whole world. Millions of such victories are needed. It is a very small victory if compared with the whole. But it gets mingled with other things.... It could be said that it is like bringing into the world the *capacity* of doing a thing.

☆

Mother's Vision of the Whole

... these last few days and during a whole period, there has been a very clear perception of the true working which is the expression of the supreme Will translated spontaneously, naturally, automatically through the individual instrument; one might even say – for the mind is quiet, it keeps quiet – through the body; and the perception of the moment when this expression of the divine Will is clouded – distorted – by the introduction of desire, the special vibration of desire, which has a quality all its own and which has many apparent causes: it is not only the thirst for something, the need for something, or the attachment to something; the same vibration can be set in motion, for example, by the fact that the will which is expressed seems to be, or at least is mistaken for, the expression of the supreme Will; but there has been a confusion between the immediate action which was obviously the expression of the supreme Will and the result which should have followed – it is a mistake we very often make. We are in the habit of thinking that when we want something it should come to us, because the vision is too shortsighted – too shortsighted and too limited; instead of having an overall vision which would show us that this particular vibration was necessary to set off a certain number of other vibrations and that it is the *totality* of all that which will have an effect, which is not the immediate effect of the vibration emitted. I do not know if this is clear, but it is a constant experience.

As a matter of fact, during this period, I have studied and observed this phenomenon: how the vibration of desire is added to the vibration of Will emitted by the Supreme – in our little everyday actions. And with the vision from above, if we take care to maintain the consciousness of this vision from above, we can see how this vibration emitted was exactly the vibration emitted by the Supreme, but instead of obtaining the immediate result expected by the surface consciousness, it was meant to set off a whole series of vibrations and to achieve another, more distant and more complete result. I am not speaking of great things or of actions on a terrestrial scale, I am speaking of the very small things in life: for example, saying to someone, "Give me this", and instead of giving it, that someone does not understand and gives something else; so if we do not take care to preserve an overall vision, a certain vibration may occur, for example a vibration of impatience or of dissatisfaction, together with the impression that the vibration from the Lord is not understood and not received; well, this little added vibration of impatience or, in fact, of not understanding what is happening, this impression of a lack of receptivity or response, is of the same quality as desire – it cannot be called a desire, but it is the same kind of vibration – this is what comes to complicate things. If we have the complete, exact vision, we know that "Give me this" will produce something other than the immediate result and that this other thing will bring in something else which is exactly what should be. I do not know if I am making myself clear, it is rather complicated! But this gave me the key to the difference in quality between the vibration of Will and the vibration of desire, and at the same time the possibility of eliminating this vibration of desire by a wider and more total vision – wider, more total and far-seeing, that is to say, the vision of a greater whole.

I insist on this point, because this eliminates all moral factors. It eliminates this pejorative notion of desire. More and more, the vision is eliminating all notions of good and bad, right and wrong, inferior and superior, and all that. There is only what might almost be called a difference of vibratory quality – "quality" still gives the idea of superiority and inferiority; it is not quality, it is not intensity. I do not know the scientific term they use to distinguish one vibration from another, but that's what it is.

And so what is noteworthy is that the vibration, what one might call the quality of the vibration that comes from the Lord, is constructive – it builds and it is peaceful and luminous; while the other vibration of desire, or any similar vibration, complicates, destroys, confuses and twists things – confuses and distorts them, twists them. And this takes away the light; it produces a greyness, which can be intensified by violent movements into very dark shadows. But even when there is no passion, when passion does not intervene, it is like that. The physical reality has become nothing but a field of vibrations that mingle and unfortunately also clash and conflict with one another; and the clash, the conflict is a climax of this kind of turmoil and disorder and confusion created by certain vibrations which are in fact vibrations of ignorance – because we do not know. They are vibrations of ignorance and they are too small, too narrow, too limited – too short. The problem is no longer perceived from a psychological point of view at all: there are only vibrations. ... ...

(*Long silence*)

It is always said that it is desire which creates difficulties, and indeed it is like that. Desire may simply be something added to the vibration of will. The Will – when it is the one Will, the supreme Will expressing itself – is direct, immediate, there are no possible obstacles; and so everything that delays, hinders, causes complication or even failure is *necessarily* an admixture of desire.

One can see it in everything. For example, take an external field of action, with the external world, external things – of course, to say that it is "external" is simply to put oneself in a false position – but, for example, from the higher consciousness, the Truth-consciousness, you tell someone, "Go", – I am giving one example among millions – "Go and see this person and tell him this in order to obtain that." If this person is receptive, immobile within and surrendered, then he goes, he sees the person and tells him and the thing is done – without *any* complication whatever, like that. If this person has an active mental consciousness, if he does not have total faith, if he has all the mixture of everything brought in by ego and ignorance, he sees difficulties, he sees problems to be solved, he sees all the complications – and of course, all this happens. And so according to the proportion – everything is always a question of proportion – according to the proportion, it creates complications, it takes time, the thing is delayed or even worse, it is distorted, it does not happen exactly as it should, it is changed, diminished, distorted or in the end it is not done at all – there are many, many degrees, but all that belongs to the domain of complications – mental complications – and desire. Whereas the other way is immediate. There are countless examples of these cases – of all cases – and also of the "immediate case". Then people tell you: "Oh, you have performed a miracle!" – no miracle has been performed: that is how it should always be. It is because the intermediary did not add himself to the action.

I do not know if this is clear, but anyway...

So this ranges from the smallest thing to an action on the terrestrial scale. There are examples, in terrestrial action, of things that have been done in this way – if there is a good intermediary. Nobody understood how it was done, why it was done – like that, very, very simply, everything turned out well. And in other cases, ...one has to move mountains. So, from the smallest thing, the smallest physical indisposition to a worldwide action, it is all the same principle, everything comes to the same principle.

4 November 1963

Sources of the Passages Published in this Compilation:

(All references are to the Volume Numbers of the Collected Works of the Mother, Centenary Edition, published by Sri Aurobindo Ashram.)

Page 2 of this booklet: Vol. 14, p. 275. **Page 3**: Vol. 6, pp. 411-12; Vol. 9, pp. 99-100; Vol. 14, p. 270. **Page 5**: Vol. 8, pp. 367-69. **Page 6**: Vol. 3, p. 117; Vol. 7, p. 37; Vol. 2, p. 31; Vol. 5, p. 18; Vol. 3, pp. 9-10. **Page 9**: Vol. 7, pp. 37-38; Vol. 2, pp. 52-53; Vol. 16, p. 246. **Page 11**: Vol. 6, p. 158; Vol. 14, p. 273; Vol. 10, p. 176. **Page 12**: Vol. 4, pp. 58-59. **Page 13**: Vol. 7, pp. 58-59; Vol. 16, pp. 303-04; Vol. 4, pp. 382-83; Vol. 4, pp. 324-25; FN. Vol. 3, p. 89. **Page 17**: Vol. 5, pp. 211-15. **Page 21**: Vol. 7, pp. 38-40. **Page 23**: Vol. 6, pp. 412-15. **Page 27**: Vol. 8, pp. 405-08. **Page 31**: Vol. 4, pp. 49-50; Vol. 4, p. 385. **Page 33**: Vol. 4, p. 136; Vol. 16, p. 409; Vol. 16, p. 343. **Page 34**: Vol. 3, p. 5; Vol. 14, p. 275; Vol. 3, pp. 118-19; Vol. 3, p. 194. **Page 36**: Vol. 8, pp. 70-71. **Page 38**: Vol. 6, pp. 337-38. **Page 40**: Vol. 9, pp. 21-23; Vol. 8, pp. 328-29. **Page 42**: Vol. 5, pp. 19-20. **Page 43**: Vol. 10, pp. 177-82. **Page 48**: Vol. 4, pp. 1-2.

In Brief

To choose without preference and execute without desire is the great difficulty at the very root of the development of true consciousness and self-control. To choose in this sense means to see what is true and bring it into existence; and to choose thus, without the least personal bias for any thing, any person, action, circumstance, is exactly what is most difficult for an ordinary human being. Yet one must learn to act without any preference, free from all attractions and likings, taking one's stand solely on the Truth which guides. And having chosen in accordance with the Truth the necessary action, one must carry it out without any desire....

What is necessary is an aspiration which burns in the being like a constant fire, and every time you have a desire, a preference, an attraction it must be thrown into this fire. If you do this persistently, you will see that a little gleam of true consciousness begins to dawn in your ordinary consciousness. At first it will be faint, very far behind all the din of desires, preferences, attractions, likings. But you must go behind all this and find that true consciousness, all calm, tranquil, almost silent.

When people begin to say, "Truly I don't know what to do", it always means that they have a preference.

(CWM, Vol. 4, p. 388) **The Mother**

Reprint from: All India Magazine, March 2000
       A monthly magazine of Sri Aurobindo Society
Editor: K.C. Anand
© Sri Aurobindo Ashram Trust, Pondicherry
Publishers: Sri Aurobindo Society, Pondicherry – 605 002
Printers: Sri Aurobindo Ashram Press, Pondicherry – 605 002
Distributors: SABDA, Sri Aurobindo Ashram, Pondicherry – 605 002

ISBN: 81-7060-148-7   Rs. 15